富爸爸
女人一定要有钱

〔美〕金·清崎 著　灵思泉 朱建英 译

四川人民出版社

readers-club

北京读书人文化艺术有限公司
www.readers.com.cn
出 品

致中国读者的一封信

亲爱的中国读者：

你们好！

今年是《富爸爸穷爸爸》在美国出版20周年，其在中国上市也已经整整17年了。我非常高兴地从我的中国伙伴——北京读书人文化艺术有限公司（他们在这些年里收到了很多读者来信）那里了解到，你们中的很多人因为读了这本书而认识到财商的重要性，从而努力提高自己的财商，最终同我一样获得了财务自由。

我很骄傲我的书能够让你们获益。20年后的今天，世界又处在变革的十字路口。全球经济形势日益复杂，不断涌现的"黑天鹅事件"加剧了世界发展的不确定性，人们对未来充满迷茫，悲观主义情绪正在蔓延。

而对于你们，富爸爸广大的中国读者来说，除了受世界经济的影响，还要面对国内经济转型的阵痛，这个过程艰苦而漫长。当然，为了成就这种时代的美好，你必须坚持正确的选择，拥有前进的智慧和勇气。这就需要你努力学习。

最后，我还是要说，任何人都能成功，只要你选择这么做！

罗伯特·清崎

富人教他们的孩子财商,
而穷人和中产阶级从不这样做。

——〔美〕罗伯特·清崎

出版人的话

转眼间,"富爸爸"问世已20余年,与中国读者相伴也已近20年。在中国经济和社会蓬勃发展的20年间,"富爸爸"系列丛书的出版影响了千千万万的中国读者,有超过1000万的读者认识了富爸爸、了解了财商。在"富爸爸"的忠实读者中,既有在餐厅打工的服务员,也有执教讲堂的大学教授;既有满怀创业梦想的年轻人,也有安享晚年的退休人士。"富爸爸"的读者群体之广、之大,是我们不曾预料到的。

作为一套在中国风靡大江南北、引领国人创业创富的财商智慧丛书,"富爸爸"系列伴随和见证了千万读者的创富经历和成长历程,他们通过学习财商,已然成为中国的"富爸爸",这也是我们修订此书的动力。20年来,"富爸爸"系列也在不断地增加新的"家族成员",新书的内容也越来越贴合当下经济的快速发展以及国内风起云涌的经济大潮,我们也在十几年的财商教育过程中摸索出了一套适合国内大众群体的"MBW"财商理论体系,即从创富动机、创富行为习惯、创富路径三方面培养学员的财商,增强大家和财富打交道的积极意识,提高抗风险的能力。

曾有一位来自深圳的学员告诉我,他当年就是因为读了《富爸爸穷爸爸》一书,并通过系统的财商训练,才在事业上取得了巨大的成功。难能可贵的是,成功后的他并没有独享财富,而是将自己致富的秘诀——"富爸爸"财商理念分享给了更多想要创业、想要致富、想要成功的人。

在"富爸爸"的忠实读者群中,类似的成功故事还有很多很多。在"富爸爸"的影响下,每一位创富的读者都非常乐意向更多的朋友传授自己从财商训练中获得的成功经验。

值此"富爸爸"20周年之际,作者的最新修订版再次契合了时代的发展、读者的需要。在经济金融全球化的发展与危机中,作者总结过去、现在和未来财富的变化与趋势,并重温了富爸爸那些简洁有力的财商智慧,在中华民族伟大复兴的新时代,"富爸爸"系列丛书将结合财商教育培训,为读者带来提高财商的具体办法,以及在中国具体环境下的MBW创富实践理论。丛书的出品方北京读书人文化艺术有限公司将从图书、现金流游戏、财商课程等多角度多方面,打造出一个立体的"富爸爸",不仅要从财商理念上引导中国读者,更要在实践中帮助中国读者真正实现财务自由。读者和创业者可以通过关注读书人俱乐部微信公众号,来了解更多有关"富爸爸"系列丛书和财商学习的信息。

正如富爸爸在书中所说,世界变了,金钱游戏的规则也变了。对于读者和创富者来说,也要应时而变,理解金钱的语言、学会金钱的规则。只有这样,你才能玩转金钱游戏,实现财务自由。

汤小明

读书人俱乐部

致女人们的一封信

亲爱的女性朋友们：

这是一本专为女性而著的投资理财励志书。为什么有必要专门为女性写一本关于投资的书呢？理由是非常充分的。

在投资领域，如何进行投资——包括如何购买出租屋，如何选择股票，如何分析商业投资以取得较高的投资收益——对男人和女人来说都是一样的。不同的只是，我们女人遇到投资和金钱问题时，会面临一些特殊情况。下面就是一组关于女人和金钱的统计数据，它足以让你大跌眼镜。虽然这组数据来自美国，但我发现世界上其他国家的数据要么相差无几，要么也有这样的趋势：

- 50岁以上的女人中有47%的人是单身；(这意味着她们必须在经济上支撑自己。)
- 50%的婚姻以离婚收场；(离婚后孩子一般由谁抚养？是女人！因此她不仅要养活自己，还要养活孩子。)(婚姻中夫妻争吵的第一原因是什么？钱！）
- 离婚后第一年，女性的生活水平平均下降73%；
- 老年贫困人口中：

    3/4为女性；（晨星基金投资者协会数据）

    80%的女人在丈夫在世时并不贫穷。
- 90%的女人在一生中必须独自承担自己的经济压力……但79%的女人并没有为此做好准备。

女人啊，让我们勇敢面对吧！那些在我们母亲和祖母们眼中天经地义的事情已经不再适合我们、我们的女儿和我们的孙女了。现在，在金钱问题上，我们也该变聪明了。

作为一个生意人和投资人，我一直对激励、教育女性追求财务自由、追求自己想要的生活充满热情。如果这也是你所希望拥有的，那么我相信这本书对你将有很大的帮助。送给你——未来的富女人！

金·清崎

序

俗话说:"每个成功的男人背后,都有一个伟大的女人。"就我而言,情况确实如此。如果没有我的妻子金,我将无法获得现在的成功。有时我想,没有她,我会是什么样子呢。

我第一次遇到金的时候,显然是被她的外表打动了。我们第一次约会时,我发现她不仅有一张漂亮的脸蛋,还很有头脑、非常聪明。随着我们对彼此的了解逐渐加深,我发现她的内在比外表更加美丽,从那时起我才真正陷入对她的爱恋。如果世上真的有灵魂的伴侣,我相信我已经找到了。

而且,在艰难的日子里,我还发现她非常坚韧。她强大的内在力量,支撑着我们熬过了最艰难的时光,如果没有她,我不敢肯定自己能否安然度过。有很多次,我们身无分文、无家可归、寸步难行,每次她都会抱着我,让我在她怀里哭得像个孩子。她勇敢、坚韧,从未对我失去信心,尽管我曾对自己丧失信心。

像大多数夫妻一样,我们也会争执,也有意见相左的时候。经历了这些年来起起伏伏、磕磕碰碰的艰难生活,我对金的爱已经升华为一种尊重。她是她自己的，不需要我来照顾。她现代、时尚、风趣、富有、善良、有爱心、慷慨，而且独立。

我们一起打高尔夫的时候，她喜欢从男子球台开球。她从不因为自己是女人而要求或期待得到特殊照顾。而且，很惭愧，她开球经常比我远，得分也常常比我高。但感谢上帝，她并不会反复提起她赢了球的事儿。

我们相遇时，我所有的不过是一大堆债务、几箩筐错误、很多从生活中吸取的教训，以及一个梦想。即使我一无所有，她依然愿意与我共度此生，共同实现梦想。今天，我们已经实现了早年的梦想，而且现在的生活是我们以前连想都不敢想的。

我知道她并不是为了钱而嫁给我的，因为我们相遇时我还是个穷光蛋。在投资方面，我教她的都是富爸爸教我的。她干起投资这一行来如鱼得水。现在，她已经是一个比我成功得多的投资家，她所做的生意远比我的要大。她白手起家，是一个富女人。

所以，能够为她的处女作写序，我感到非常自豪。她在我眼中是现代女性的典范——风趣、有爱心、善良、美丽、独立、聪明而且富有。谈到金钱和投资，她总是头头是道。我有幸见证了她从一个对金钱和投资一无所知的姑娘成长为一个精于此道的富有女人的整个过程。金在这本书中写下的所有事情她都曾身体力行。我很高兴能为金——我最好的朋友、我的事业伙伴、我的妻子——来写这篇序。

罗伯特·清崎

自　序

非常感谢你对这本书感兴趣。

在我看来，这本书中所探讨的问题，以及它提供的信息，对处在今天这个时代背景下的全世界的女人们来说尤为重要。因为今天这个时代，和我们的母亲、祖母、曾祖母所处的时代相比，有着极大的不同。不管是金钱规则，还是社会对待女性的态度，都发生了极大的变化。

就像我所写的那样，我们整装待发，正迈向2008年——这将是意义重大的一年。这一年里，美国市场乃至整个世界市场都面临着巨大的变化。目前，美国的股票市场起伏不定，第一天上涨数百点，第二天又下跌数百点。而次贷危机的爆发，以及丧失抵押赎回权的房屋数量持续走高，同样也使美国的房地产市场面临着巨大的挑战。这些情况已经让人忧心忡忡，美元的贬值和世界经济的疲软更是雪上加霜，数百万家庭面临危机，面临迷茫的、令人堪忧的财务未来。许多人都对这一状况非常关注，我也一样。

美国乃至世界经济的混乱使许多人感到窘迫和焦虑。明天将会发生什么？没有人能够回答。我也没有能够预测未来的水晶球。但是，有一件事我很清楚：只要你受过一点财商教育和训练，你就能够保障自己的财务安全，不必祈求市场对你慈悲为怀。你能够成为一个财务独立的富有女人——如果你选择这样做的话。

我想，当女人遇到财务问题时，最最需要的，就是内心的平静。我们希望自己对生活，特别是经济生活不但了如指掌，而且应付自如。不论牛市熊市，我们都能依靠自己的知识和经验把握一切。这就是源于内心的平静。

去年，为了给本书做宣传，我走访了许多国家。显然，本书提出的理念得到了世界各地的女性的肯定——不管是在南非、澳大利亚、印度、波兰、秘鲁、新西兰、墨西哥，还是在以色列、瑞典、日本、加拿大、韩国以致全美，莫不如是。毫无疑问，它强烈地触动了世界上所有女人的神经！对这些女人而言，本书提出的一系列理念是一记强有力的警钟——敦促女人们行动起来的警钟。它不仅唤起了女人们对财商教育的需要，还促使女人们认识到，建立一个国际性的、支持和鼓励彼此实现财务目标和梦想的联盟有着多么巨大价值！

我相信，女人可以从彼此身上学到很多。而我的网站 www.richwoman.com 将为女人们提供一个互相支持、共同成长的平台。我们创建这个网站的初衷，就是为了方便女性朋友互相交流，并由此构建起上面提到的那个国际性联盟。今天的女人们需要一个强势的榜样来激励自己，所以我希望你们每一个人都来争取做这个榜样。我支持你们学习、行动，进而成为一个财务独立的榜样，然后，请慷慨地和全世界的女人们分享你在这个过程中学到的东西。

我相信，每一个女人都能成为富女人——一个有着经济头脑、过着优裕生活的女人。在我看来，一个能够掌控自己财务生活的女人，就像一只彰显着美丽与骄傲的高跟鞋。一旦一个女人感觉到能够把握自己的财务生活，她的自信心就会扶摇直上。我对这一点如此肯定，是因为我自己深有体会。而且，如果一个女人能对自己信心百倍，她和她的伴侣、孩子、父母、朋友乃至她的整个人际关系网络都会更加和谐。这是无价的！

请让我再次重申：富女人不过量入为出的生活；富女人不会注销自己的信用卡，她们爱信用卡；富女人绝不会省掉香浓的摩卡、拿铁，以及修长指甲的养护，量入为出的生活会让富女人精神崩溃；富女人不仅注重生活的品质，她还能够创造足够的收入，来满足并提高自己想要的生活品质；"节俭"从来不是富女人的美德，富女人过着殷实富足的日子，享受着这个世界上的所有快乐。

所以，到这里来唤醒你心中那个富女人吧——她拥有丰富的灵魂、丰富的经历，还有丰富的金钱！我要对你说："让她起飞吧！"

目录

前言……………………………………………………1
第一章　和姑娘们聚餐……………………………15
第二章　姑娘们……………………………………21
第三章　我的故事…………………………………29
第四章　20年前，在一个小岛上…………………45
第五章　不止因为金钱……………………………51
第六章　"我没时间！"……………………………63
第七章　财务独立意味着什么……………………75
第八章　"我不够聪明！"…………………………87
第九章　怎样才能迅速聪明起来…………………99
第十章　"我害怕投资！"…………………………107
第十一章　你有多富有……………………………119
第十二章　"我没钱投资！"………………………133
第十三章　关于金钱的更多故事…………………147
第十四章　"我的另一半不感兴趣！"……………155
第十五章　为什么女人投资会更成功……………171
第十六章　"我准备好了！"………………………185

第十七章　行动起来，你便成功了90%……193
第十八章　开始行动吧……………………203
第十九章　3种男人3种投资………………217
第二十章　成功投资人的4个首要要素……231
第二十一章　成功投资人的其他5个要素……245
第二十二章　"给我看看计划！"……………259
第二十三章　加足油门………………………269
第二十四章　庆功宴…………………………279

术语表　常用金融和投资术语………………285

前言

为何这本书专为女性而著

在投资领域，如何进行投资——包括如何购买出租屋，如何选择股票，如何分析商业投资以取得较高的收益等——对男人和女人来说都是一样的。对于股票、债券或房地产这些投资项目来说，是男人还是女人在买进、卖出、持有、转让或者出租，一点都不重要。

那么，为什么有必要专门为女性写一本关于投资的书呢？

这是因为谈到钱的时候，男人和女人是不同的——不管是从历史上、心理上、精神上还是情感上看，都是不同的。

正是这些不同，造成了今天的女性在金钱和投资方面的普遍困难，并进一步造成了两性的隔离。所以，这本书我要专为女性而著。

"我讨厌被人使唤！"

本书的书名全然发自我的内心。某天下午，我和我丈夫罗伯特与一些朋友一起用餐时，谈到了这本书，但我们对书名莫衷一是，围着餐桌我们提了很多想法。

然后，罗伯特问我："告诉我，为什么你这么希望财务独立？想来这并不是你一时心血来潮，你一直都是如此，完全出自你的内心。这是为什么呢？为什么不管上刀山、下火海，你都一定要完全依靠自己呢？告诉我们，是什么力量在驱使你？"

我的朋友苏茜就坐在我旁边，她和我想法极其相似。我们互看了一眼，几乎异口同声地说："我只是讨厌被人使唤！"我们两个立即打开了话匣子，说起自己是多么难以忍受别人的使唤，一桩桩地列举我们多么反感别人把我们支来唤去，以及为什么我们永远不要别人对我们指手画脚。

（我知道许多女性对我们所说的这些都深有体会，你可能就是其中之一。）

等我们俩终于关上了话匣子，我环顾四周，每个人都微笑不语。"看来你的书名有着落了。"罗伯特说。

小时候

这是我的老毛病了，我从上幼儿园起就知道自己不喜欢听命行事！班上没有人比我待在走廊里的时间更长。我不喜欢睡午觉，想和小朋友们玩——去走廊罚站！我想用手指画画，不要听故事——去走廊罚站！我不要吃自助食堂做的那种难吃的点心——我知道，又得去走廊罚站。

老师说我"任性"，但我只是不喜欢被人使唤罢了！

大学毕业后的第一份工作，我被炒了两次——同一份工作两次被炒！并不是因为我太懒或者没有能力，恰恰相反，是因为我太好学，所以他们又雇用了我第二次。但我的天性是无法被压制的。我不过是太独立而已，当时21岁的我很清楚一切问题的症结。加上我讨厌被人使唤，我不太可能在这家公司取得成功。

这种性情在我身上是如此的根深蒂固，以致每当有人告诉我该做什么事，即使我知道这对我来说是最好的选择，我也不会去做，就因为我不想受制于人。

是的，这种性格会给我的生活带来一些麻烦，但同时这也让我非常独立，在财务方面尤其如此。

你可能听过这种说法："有钱人是规则的制定者。"在我的观念里，有钱人可以指挥别人做这做那。所以，我早就决定让自己成为一个规则的制定者，而不是被人使唤的人。

我们女人做过的傻事

一天下午，罗伯特进屋时正好看到我在对着电视机喊："醒醒吧！别再犯傻了！别干那些傻大姐才干的事儿！成熟点！"

罗伯特哑然失笑，问我："怎么了？"

我非常沮丧地说："看到这些女人一遇到钱的问题就变得这么傻，我都要抓狂了！电视上有个财务规划师正说得天花乱坠，那个女人完全不认识他，却问他该如何打理自己存下的几千美元。他的建议糟透了，她却说：'哦，非常感谢，我就这么做吧。'多傻啊！一遇到金钱和投资，女人总是墨守成规。她就是一个活生生的例子。"

"她一定触到你的某根神经了，"罗伯特咧嘴笑道，"女性朋友们可能并不知道自己在做什么。这正是该你出马指正的时候啦。"

傻事列表

这确实触到了我的神经，因为我们女人确实在生活中做了一些可笑的傻事——与钱有关的傻事。我想，是该我们变聪明的时候了！

我是说女人傻吗？当然不是，事实绝非如此。我说的是我们做了一些愚蠢至极的事，而且大部分与金钱直接相关。

下面是我们女人在遇到金钱问题时所做的傻事列表：

- 我们为了钱而结婚。
- 我们因为害怕无法解决财务问题而忍受着不堪忍受的婚姻或其他关系。
- 我们让男人做主决定关键的财务问题。
- 我们迷信男人更善于理财的神话。
- 我们迷信男人更懂得投资的神话。
- 我们从不质疑男人的财务决定，这只不过是因为不想冒险伤他的自尊。
- 我们听从所谓的"专家"的理财建议，因为我们觉得自己不够聪明。

- 我们为了息事宁人而选择沉默。
- 我们（至少在财务上）得过且过。
- 由于得过且过，我们被年轻一代的女性抛在身后。
- 我们期望男人会改变。
- 我们安于"还过得去"的生活，尽管真心希望过上"优越"的生活。
- 男人迷路了，又不问路，我们却还跟着他。
- 我们低估了自己。
- 为了薪水，我们忍受着工作中的不平等。
- 我们对加班和不能陪孩子倍感内疚。
- 我们失去了应得的晋升机会，却仍忍气吞声。
- 我们接受比男同事低的薪水，却和他们做着同样的工作。
- 因为必须工作，我们错过了孩子的足球赛和朗诵会。
- 我们经常展望未来，想着："总有一天……"

我们或多或少都干过这类傻事。最可恶的是，许多人还为了金钱而出卖灵魂。如果得到某件东西的代价是丢掉我们的自尊、自信和自我价值，那就是一种真正的犯罪。

没错，这本书是关于女性和投资的，但它还远不止于此，它还关乎女人应该如何掌握自己的生活！关乎尊严和自尊！

男人、家庭、公司或政府

最初,本书有一个副标题,"献给追求财务独立,不依靠男人、家庭、公司或政府的女人",这正是本书的精髓所在。历史上,女人总被教育和期待成为在经济上依赖别人的人,她们要靠别人才能过上好日子。在今天,这是一种危险的处境。时代已经不同了。

男人

历史上,只要谈到男人、女人和金钱,就不可避免地要谈到性。性、金钱和女人密不可分,我们甚至常常看不出三者之间是如何相互影响的,因为长久以来这已被当做一种标准而广为社会接受。

在我们16岁或者更早时,我们就已经意识到了自己作为女人或女孩,对男性的巨大吸引力。在大多数同龄男孩还笨手笨脚、懵懂无知时,女孩就已经开始注意到了男孩或者说男人们注视时异样的目光。在我们还很年轻时,我们就发现有些男人会对我们微笑,有些会对我们吹口哨、动手动脚,还有些只是盯着我们流口水。

相信每个人都能回想起当年班上的"那个女孩",那个发育最早的女孩。在我们班上是梅洛蒂,她14岁时就知道自己与众不同,她利用这一优势,炫耀着自己的新发现。我们初二时,梅洛蒂就开始与高一、高二的男生约会了。上了高中之后,她的约会对象换成了大学生。她很清楚怎样才能吸引男人的注意力。

现在我知道梅洛蒂是个特例。但我们大部分人都得承认，我们很清楚自己的年轻、漂亮有多么强大。抛个小小的媚眼就能得到很多。

是男人们给了年轻的我们如此巨大的力量，为我们树立了为人处世的全新观念。只要我们能永葆青春和性感，这一模式将一直行之有效。但时光流逝，岁月无情。

转折点

14岁那年的一天，我放学回家，走到大门口时，我听到妈妈和她一位最好的朋友正在餐厅里聊天。我朝她们走去，妈妈用眼神示意我不要过去，好让她们继续说悄悄话。于是我到厨房去拿点心，在从冰箱里拿出牛奶时，我忍不住偷听了她们的谈话。

很明显，我妈妈的朋友格洛丽亚现在心烦意乱。"我知道我们之间有问题，"她说，"但为了孩子，我想他不会真的离开我。"

"那他怎么说？"妈妈问她。

"他说他从去年就开始和一个城里女人交往了，那个女人比我年轻。他说她让他感觉自己像个英雄。显然我让他失望了。"她说。

"你之前察觉到这事了吗？"妈妈问她。

"老实说，我怀疑过他，但我真的不想追究。我希望他只是一时头脑发热，最终一切都将恢复正常。"

"这么说你是知道的？"妈妈一针见血。

"是的，我想是的。只是我自己不想承认而已。"格洛丽亚坦白道，"这些年来，我们的关系一直不太好，共同的话题越来越少。

他有事业，我有孩子。他为了工作到处出差，而我则待在家里做家务。"

"可是，你的婚姻出了问题，你知道他在外面有了女人，为什么还要留在他身边逆来顺受呢？"

"为了孩子，"格洛丽亚马上答道。

"孩子？格洛丽亚，你的孩子都长大了。前不久你儿子都大学毕业了，肯定不单单是为了这个吧。"妈妈奇怪地问。

格洛丽亚犹豫了一下，然后平静地说："我不离婚是因为钱。即使这段婚姻已经千疮百孔，但至少在经济上我没有后顾之忧。离婚后什么都要靠自己，我想想就很害怕。我已经有20年没去工作了，不知道自己还行不行。不错，这几年，我们的婚姻早就名存实亡，但至少在经济上我不用担心。"

我听到格洛丽亚哭了起来："我只是不知道该怎么办，我已经45岁了，要我面对现实，自己养活自己，光想想都觉得可怕。我做梦也想不到自己会落到这种境地。"

我把牛奶放回冰箱，回到了自己的房间。上楼时，我听到格洛丽亚说："我只是不知道自己还能不能在经济上支撑自己。"这一番话让我陷入了深深的思考。

我对自己说："这个女人的婚姻如此悲惨，却因为要在经济上依赖丈夫而不得不任由悲剧继续发展。"那时，我意识到，生活并非像童话中说的那样能够永远幸福。我记得当时我就下定决心，对自己说：

"我永远不要在经济上依靠男人，或者任何人。"

这一决定指引着我的整个人生。

也许是时候改变模式了

请相信，我并不是反对男人，我爱他们。我只是不想在经济上依赖他们。尽管现在许多女人都这样。

我遇到过很多在四五十岁时离了婚的女人，她们得独自奋斗。她们的故事都差不多："我们年轻时很幸福，后来夫妻之间出现了裂痕，于是他抛弃了我，另结新欢。我生命中第一次只能依靠自己了。"

我很幸运，我父母的婚姻幸福美满，对我有着潜移默化的影响。他们结婚已经50多年了，他们被我看成相爱、相守和互相尊重的典范和良师。

然而不幸的是，许多婚姻都经不起时间的考验。离婚率持续增高，如今半数以上的婚姻最终都以离婚收场。我并不是要你为离婚作打算，我的意思是，你必须面对现实，在经济上使自己强大起来，才能从容地应对任何事件。对于格洛丽亚来说，她没有"B计划"，她只有一条路——不惜代价地维持婚姻，以换取舒适的物质生活。

用年轻美貌来吸引异性注意，得到我们想要的一切，这一模式对二三十岁的女人来说可能还管用，但对四五十岁和六十多岁的女人来说，这简直就是扯淡。想要男人改变，根本就是浪费时间。是我们女人改变自己的时候了！我们年轻时行之有效的模式，到我们年老时，就失去了效力。是到了改变我们的模式的时候了。

这个模式中，起关键作用是金钱。年轻时，美貌性感给了我们力量，年老时，金钱让我们没有后顾之忧。

凯瑟琳·赫本[①]总结得好：

> 女人啊，如果你可以在金钱和性感之间作出选择，那就选金钱吧。当你年老时，金钱将令你性感。

时代已经令各个方面发生了变化，我们女人必须顺应时代的变化。本书要送给你的正是变化的指向标。如果你坚信最好的财务策略就是找个男人供养你直到咽气，那我祝你好运。而我们这些女人，如果准备在生活中做出一些改变，准备掌控自己的生活，准备有所行动，那么我将为你提供一些选择。

家庭

有些女人可以依靠家庭的财富丰衣足食地过一辈子。但这肯定不是大多数。我有几个朋友，不仅得不到家庭的照顾，反过来还得照顾她们的家庭。一个住在火奴鲁鲁的朋友，她的妈妈病了，生活无法自理，于是我朋友把妈妈接到了自己家里，照顾她的饮食起居。我朋友不但为医治她妈妈负担了昂贵的医疗支出，还要为拨出时间照顾她妈妈而失去一部分收入。

[①]奥斯卡影后、好莱坞著名女影星，曾主演《长夜漫漫路迢迢》《费城故事》《小妇人》等。

另一位朋友要负担她妈妈住疗养院的费用，每月8000美元，但她从未为这种情况作过财务计划。

前不久，有个斯科特斯戴尔的女人在她妈妈去世后继承了家里的一栋房子。她父母在那栋房子里住了30年。这栋房子在30年间升值不少，但问题是，她继承房子的同时，也继承了一张巨额的房产税单。她无法支付房产的税金，于是不得不出售这栋房子来缴税。当然，这份遗产缴完税后已所剩无几。

另一个故事来自我的朋友苏珊，最近这样的故事越来越普遍。苏珊的爸爸一生中拥有许多房产、生意和股票。苏珊的妈妈过世后，她爸爸再婚了。后来她爸爸重病住院，在他临死前，继母修改了遗嘱，将苏珊爸爸名下的所有财产都划入自己和自己的孩子名下。苏珊的爸爸去世后，苏珊分文未得。

我之所以举出这些例子，并不是要大家凡事往坏处想。我要强调的是为可能发生的事做好准备有多重要，并鼓励你认清你的财务前途到底取决于什么人和什么事。

就像公司和政府都未必靠得住一样，依靠家庭也未必是财务前途的最佳选择。

公司和政府

2005年10月31日《时代》杂志的封面故事是《偷走退休金》，副标题称，"数百万自认为能享受退休福利的美国人将大吃一惊，且看公司如何在国会的帮助下偷走了人们的财产。"文章指出，许多美国公司已经用尽或者正在窃取员工的退休金。政府法律允许公司不兑现曾向员工许下的承诺,即在员工退休后,每月提供退休金和医疗福利。

这篇文章在全国引起轩然大波:"《时代》杂志调查发现,在今天的美国人退休之前,国会偏向于公司和特殊利益集团的决策,就将数百万老年人——大部分是女性——带上了贫穷之路,将数百万退休人员推向了贫困的边缘,退休将成为只有富人才能享受的特权。"

特别引起我注意的是,文章作者列举了5个在退休金问题上受害的案例,每个案例中的当事人都是女性!一位69岁的老妇人每月1200美元的退休金被停发了,这笔退休金本来是由于她丈夫殉职而发的。现在,她只能靠捡易拉罐每月挣60美元维持生活。

另外一位60岁的女性,在宝丽来公司工作了35年,从文员一直做到执行董事。她参加了职工持股计划(ESOP)。她每月为该计划支付薪水的8%,希望退休后能卖出股票,小赚一笔。结果公司股价一落千丈,再加上公司决策错误和国会的干预,她损失了十多万美元。除此之外,她原本可以得到的数万美元退休金也化为乌有。最后她只收到了一张47美元的支票!

文章中提到的5位女性都认为自己退休之后在经济上可以安全无虞,而如今却陷入贫困,这真令人心寒!而现在没有任何迹象表明,退休金制度将在未来几年内有所好转,甚至更倾向于就此一蹶不振。

这并不是单单发生在女人身上,它同样还发生在无数家庭中的丈夫和其他成员身上。这一危机与性别无关。

因此，如果你还指望丈夫或者家庭为你提供经济保障，请慎重考虑。

政府

就美国政府而言，社会保险制度和医疗保险制度基本上已经名存实亡。我不知道他们还能否扭转这一局面。多数调查显示，二三十岁的年轻人已经意识到，等到他们退休时，可能已经没有社保和医保了。至于退休金计划，美国政府已经无法兑现它对那些终身缴付了社保和医保的劳动者所作的承诺了。

这是你自己的选择

所以，男人、家庭、公司或者政府也许能够保障你的未来——但我不指望。我可不想把我将来的经济状况押在我完全无法控制的事情上。

简单地说，我要作个决定——是要财务独立还是财务依赖？这是个自主的选择。如果你选择财务依赖，那就意味着你同意让别人来决定你的财务状况，并接受随之而来的好结果或者坏结果。

如果你的选择是财务独立，那么你就选择了长期的自由，而不是眼前的舒适。为了在将来能生活得更舒适、有更多的收益，你就要决定走一条更艰难的路，一条令许多女性望而却步的路。

我坚信，任何一个真正下定决心主宰自己财务生活的女人必将成功。每天都有女人在这么做。

　　本书主旨是财务独立,因为我相信,女性的自由,首先取决于财务的自由。

第一章　和姑娘们聚餐

我是一个傲视一切的女人。

——杰奎琳·肯尼迪·奥纳西斯[①]

我喜欢纽约，它真是一个独一无二的美妙城市——如此充满活力、如此热闹，永不停息。我在时代广场附近的第51大街扬手招了一辆出租车，街上热闹如昔，挤满了行色匆匆的商务人士，兜售手表、钱包和烤栗子的街头小贩，逛街的路人和饥肠辘辘赶去吃饭的男人和女人，我也正要去吃午餐。司机问："去哪儿？""广场饭店。"我回答。这是一个美好清新的日子——天空蔚蓝，微风轻拂，空气微凉。

车程比我预计的要短。"5.7美元。"到达饭店大门后司机说。跨出出租车时，我有点紧张又有点兴奋。从凤凰城风尘仆仆地赶到纽约，就为了赴这场聚会。我不知道会发生什么，老实说，我

[①] 美国第35任总统约翰·肯尼迪的夫人。她雄心勃勃，被公认为美国历史上最有魅力的第一夫人。在肯尼迪总统遇刺身亡后，她又嫁给了希腊船王奥纳西斯。

甚至不确定一起吃饭的到底都有谁。我隐约地感觉到,这次聚会,要么十分精彩,要么是白跑一趟。但有一件事是肯定的,我绝对不会无聊。

两个月前我收到了一封电子邮件:

嗨!姑娘们:

一切安排妥当!我们已确定了聚会日期、时间和地点,就定于3月22日中午12点,在纽约广场饭店!从火奴鲁鲁到纽约——是的,时代变了。我迫不及待地想见你们,听你们的故事。

爱你们的 帕特

帕特是我在夏威夷大学时的好朋友。我们在一次哲学课上相识,并做了一年的室友。我们已有近20年没见面了,帕特提出,是我们"夏威夷帮"重聚的时候了。

我们"夏威夷帮"由6个关系亲密的女生组成,我们都是在火奴鲁鲁那段"令人难忘的"日子里认识的。那时我们年轻、单身、无忧无虑。

不知道帕特是怎么做的,但她确实做到了!她找到了我们5个人(我们分散在美国不同的城市),为"夏威夷帮"的重聚制定计划,选定地点,并定下时间。我们彼此之间几乎失去了联系,所以聚会可不容易!而且有几个人已经结婚,改了夫姓。我们全都离开了火奴鲁鲁。我自己就搬过好几次家,估计其他几位也是。但帕特，这位"组织者小姐"，不可思议地使聚会梦想成真。

我们上一次聚会是 20 年前在火奴鲁鲁。当时我们刚刚踏上职场，对未来抱着不切实际的梦想。在那里我们共度了成长的岁月。真想看看她们现在怎么样了——她们生活得如何。

我踏上饭店入口的红地毯，门童为我拉开了大门。当我迈进饭店大厅时，时间仿佛停滞了，我立即认出了站在我 3 米开外的帕特和莱丝莉。帕特打扮得无可挑剔，甚至当她脱下帽子时，头发也纹丝不乱。衣服搭配得恰到好处，崭新的靴子与手套相得益彰，每一处细节都一丝不苟，她一贯如此。她让我想起了电视剧《妙人妙事》中一丝不苟的费利克斯·安格。

帕特对每件事都高标准、严要求，所以那天她提前将近一小时就到了。她要确保万无一失。是的，帕特是一个天生的组织者。当然，有时她对细节的吹毛求疵也让人抓狂。

莱丝莉站在帕特旁边，显然，她仍是一位艺术家。身穿一条层层叠叠、五彩缤纷、蓬松的长裙，鲜艳的印花衬衫，背心，围巾，大号的外衣——洋洋洒洒，和帕特的干净利落简直是两个极端。莱丝莉看上去就像刚刚乘风而来，肩上还背着一个巨大的包，不知道里面装着什么。作为艺术家，莱丝莉常常让人摸不着头脑。她给人轻狂不羁的印象，实际上却非常聪明。如果她要了解一幅画着 19 世纪某幢建筑的作品，她就会研究这幢建筑的历史、时代背景，以及那个时代的艺术家和他们的绘画风格。她热爱艺术，并全身心地投入。

热烈的拥抱之后，我们 3 个立即开始叽叽喳喳地聊个不停。不知不觉20分钟过去了，贾妮斯飞也似的冲了进来。她似乎是直接从西海岸飞过来的，上气不接下气，头发乱糟糟，一看到我们，她就尖叫起来："见到你们真是太棒了！真不敢相信我们能在纽约重聚！路上堵得厉害，我的会议又拖了点时间。天气真不错啊！"贾妮斯连珠炮似的说了一大串。帕特、莱丝莉和我一声不吭地相互点点头，心照不宣，有些事有些人是永远不会改变的。就像我们认识和喜欢的贾妮斯，她总是风风火火，说起话来像在打机关枪，而且永远不会静悄悄地进门。

聊了一会儿，我们4个人向负责导座的女服务员走去，这时，帕特的手机响了。"真遗憾，"我们听到她说，"看来你得干到晚上了。我知道你尽了力，我会把情况都告诉你的，保重。"

"特蕾西来不了了，有个项目她忙了一个月，就快结束了。本来已经完工了，但今天上午她老板将项目作了重大的改动，所以她走不开。"帕特向我们汇报道。"告诉你们吧，特蕾西全身心地工作，已经做到了公司高层。但遗憾的是，像今天这样，她不得不将工作放到生活之上。她说她真想到这里来。"

莱丝莉问："她住哪里？"

"芝加哥，她在一家大型的手机公司工作。"帕特回答。

服务员将我们带到了餐桌前。帕特订了一张靠角落的桌子，棒极了。她还在每个座位前放了一小盒果仁巧克力，这唤起了我们对夏威夷的美好回忆。更让我们感到惊奇的是，在每个人的座位前，她还放了一个相框，里面放着我们20年前在火奴鲁鲁最后一次聚会时的照片。我们都觉得，这必将是一次令人难忘的聚会。

看着照片，我们似乎觉得自己容颜未改。"我敢肯定，当年的泳衣现在还合身。"贾妮斯不无讽刺地说，我们喟然而叹。

"玛莎呢？她会来吗？"服务员倒水时我问。"她很想来，但临行时取消了。她妈妈身体不好，她不放心将妈妈一个人留在家里3天。据我所知，她爸爸去年过世了，玛莎没有兄弟姐妹，现在家里只有她和她妈妈两个人了。她让我转达她的问候。"帕特回答。

"6个来了4个，很不错了。"贾妮斯说。

这时，服务员一手拿着香槟酒桶一手拿着冰镇香槟走了过来，帕特考虑得可真周到。服务员摆好酒杯，打开香槟，为我们一一斟上。

"我们来干一杯！"帕特提议，"为我们这么多年美好的友谊。"

我们相互碰杯，一饮而尽。

之后，我们开始了悠闲的午餐。

第二章 姑娘们

记住，金吉尔·罗杰斯做了弗莱德·阿斯泰尔做过的每一件事，但她是穿着高跟鞋倒着做的。[①]

——费思·惠特尔西[②]

我们叽叽喳喳地说个不停，本来是一对一地聊着天，说着说着所有人都参与了进来。有时和对面的聊，有时和旁边的聊。要说的话实在是太多了。

嗓门儿最大的要数贾妮斯了，她向对面的莱丝莉喊道："莱丝莉，快告诉我们这20年你都做了些什么吧？"她声音之大，吸引了所有人的注意，我们一下子就成了餐厅里的焦点。我们赶紧都安静下来，等待莱丝莉的回答。

[①] 金吉尔·罗杰斯和弗莱德·阿斯泰尔是好莱坞历史上最伟大的舞蹈搭档。
[②] 美国当代知名女政治家，曾两任美国驻瑞士大使。2001年曾代表美国政府出席联合国轻武器大会。现任美国瑞士基金会名誉会长，世界政治院董事会成员。

莱丝莉的故事

莱丝莉开始讲起来："还记得吗？当年我们在夏威夷最后一次聚餐时，我就在考虑离开火奴鲁鲁寻找更多的机会。"我们都点点头。"6个月后我搬到了纽约，我认为最好去比较有活力的城市，这样才有更多机会进入商业设计领域。我很幸运，很快就在一家小型设计公司找到了一份工作，让我有时间来了解这座城市，并思考我真正想做的是什么。起初我有点不安——从夏威夷到纽约变化太大了。我以前甚至从没坐过地铁。但我很快就学会了将高跟鞋随身带着，而不是穿着走路。此后我又换过几份工作，包括在著名百货公司布鲁明戴尔和梅西的美工部工作。"

"业余时间呢，我一直在画画。我在小房间一角放上了画架和颜料，布置成画室。我最喜欢背着画具，找个像中央公园或者洛克菲勒中心那样的地方，一画就是几个小时。几年前，我还在城里的一家画廊办过画展呢，那是我最得意的一次。虽然没赚到什么钱，但也卖出了几幅画，我的努力得到了人们的认可，这已经让我激动不已。

"后来我认识了彼得，他是我的梦中情人的那种类型。彼得也是个艺术家。我们坠入爱河，一年之后结婚了。后来，我们有了一个儿子和一个女儿。但两个艺术家一起生活可不是件容易的事，绝对不是我先前想象的那样。他在城里有一间画室，他在那里画画，有时也卖卖画，教教学生，干得很不错。但问题是，我们太像了，我的意思是说，我们都是艺术家，都是那种率性的、无厘头的人。我们两个人都不会理财，花起钱来却都毫不含糊。6年后，我们友好地分手了。

"此后，我一个人带着两个孩子。彼得偶尔会在经济上帮助我们，但他赚得也不多。我女儿现在14岁，儿子12岁。我偶尔还会画些画，但也不经常画了。我就在这条街上的一家画廊上班。当单身妈妈可真不容易，曼哈顿的消费很高，所以我们搬到了新泽西，在那里我们可以生活得好一点，孩子们也能进所像样点的学校。总的来说还算过得去，但这肯定不是我二十几岁时所想象的生活。"

"无法想象如果是我的话该怎么养大两个孩子啊，"贾妮斯插话说，"我能照顾好自己就不错了，这可能就是我仍然单身的原因吧。洛杉矶的消费也很高，但比纽约好多了。你真不容易啊，莱丝莉。"

"谢谢。"莱丝莉回答。

帕特问贾妮斯："洛杉矶的生活如何呢？我还没在加利福尼亚停留过很长时间。"

贾妮斯的故事

"我爱洛杉矶，"贾妮斯开始讲她的故事，"我想可能比爱还要强烈吧，我的大部分时间都在享受着我的事业。我说过，我至今单身。8年前我差一点就结婚了，但就在请柬发出之前，他告诉我，他得去'寻找自我'，然后就去了欧洲！6个月后，他写信给我，说他觉得自己还没准备好结婚。好像我当时没看出来似的！最后一则关于他的消息，是听说他已移居巴厘岛或者斐济，与一些20几岁的小青年住在一起。我想他终于'找到自我'了。从那以后我对结婚就没什么兴趣了。现在，随着年龄渐长，约会也没以前那么容易了。越来越多的老男人爱找年轻女孩，怎么和她们竞争啊？"

"所以我把精力全放在工作上了。我还在和火奴鲁鲁认识的那对夫妇合作。还记得吗？他们当时开着一家礼品店。我刚开始在他们店里帮忙的时候，他们只有火奴鲁鲁一家店。后来他们的生意做大了，在火奴鲁鲁、毛伊岛和夏威夷大岛各有了一家店，还发展了全美的邮购业务。我在他们那里干了大约5年，存下了不少钱。于是我决定自己下海试试。我比较熟悉零售业，所以决定从零售业开始。我想我能自己干。

"但后来我发现我错了。我当时的想法是开一家小型的美食店。火奴鲁鲁当时只有一家，生意火得不得了。我拿出所有积蓄，还借了点商业贷款，在怀基基海滩旁的闹市区租了间小铺子，进好货就开张了。我当时深信会顾客盈门。但我在店里坐了4天，根本无人光顾，我这才想起来：我从没做过什么宣传！我只是以为顾客会自动蜂拥而至。慢慢地我明白了卖食品和卖不会变质的商品之间的区别，另外我是吃了亏才知道，延期交纳租金的处罚会很重。

"我的小店几次面临倒闭，我打电话向以前的老板求助。她先笑了起来：'欢迎来到企业家世界！'她说，'告诉我出什么事了？'她成了我重要的领路人，帮助我将生意起死回生。如果没有她的指导，我不会有今天。

"渐渐地，我的生意有了起色。当我第一次挂出'招工'的牌子时，别提有多高兴了。我终于赚了钱可以请人了。第一家店稳定下来之后，我又开了第二家。第二家店一开始也不顺利，但最后两家店的生意都还算稳定，利润也很可观。

"然后我又开始蠢蠢欲动了，我有了一个大胆的想法：开一家高档的女士精品店。店里的环境要优雅，经营从浴油和蜡烛到送餐服务等的全方位业务。

"于是我卖了夏威夷的铺子，带着我的想法去了加利福尼亚。在我想来，那简直是'小菜一碟'嘛！"贾妮斯长长地叹了一口气，停顿了一下。"结果我差点倾家荡产。在洛杉矶做生意与火奴鲁鲁完全不同，规则不同，顾客需要的商品不同，整个环境都不同。我从头开始摸索，学到了很多。长话短说，现在我有3家店：洛杉矶两家，圣地亚哥一家。我原打算面向女性顾客的那家精品店，现在却大受男士欢迎。我花了很多精力在因特网上，还开了一家网上商店。那真是个奇妙的世界！"

"工作总是忙不完，我一共雇了12名员工，但这是另外一回事了。我在洛杉矶和圣地亚哥之间来回跑，我永远在买机票、赶交易会、开会，我的生意也一直红红火火。我是赚了点钱，但我赚的大部分钱又重新投入到生意中去了。"贾妮斯说得飞快，"我爱我的工作，但我更希望有朝一日能坐等钱财源源不断地流进口袋里。而这一天似乎遥遥无期。"

"回想过去20年间的事情，突然有点恍若隔世的感觉。我想起了我们在火奴鲁鲁无忧无虑的那段时光，就好像昨天发生的一样。我们还回得去吗？"贾妮斯感慨道。

我们开始回忆起在火奴鲁鲁时的时光，海滩上的伙伴、岛外的旅行、第一份工作、工作中碰到的各色人等、最让人怀念的当地美食、简陋的浴室、最开心的某个瞬间……哦，还有这些朋友们。

莱丝莉问："帕特，我还记得你的第一份工作。能进那家报社，你当时多激动啊。你总是乐此不疲地给我们讲你工作中的一些好玩的事儿，我们也听得津津有味。你仍在写作吗？"

帕特的故事

帕特喜欢写作，喜欢时事新闻。帕特主修的是政治学和新闻学，她很早就立志成为一名驻外通讯记者，周游世界，撰写全球报道。大学毕业后，她只向火奴鲁鲁的两家大报社寄出了两份简历。别人问她，如果不被录用，她准备怎么办，她回答说："我为这次面试准备了4年，如果他们拒绝我，我将永不放弃，直到他们同意为止。"

帕特总是很含蓄，但深挖新闻时除外。她的书桌旁堆满了各类书籍、杂志和报纸。她总是在搜寻新闻线索，是个不折不扣的新闻瘾君子。帕特订了5份不同的报纸，夜以继日地关注新闻频道。如果你想了解世界上正在发生哪些大事，问帕特准没错。她的自信令我们自叹弗如，而且她的生活目标很明确。

但有时，生活总爱和我们开玩笑。

"我在报社干得很不错。"帕特说起了她自己，"我的任务越来越多，越来越好，事业和生活逐渐走上了正轨。在报社工作3年之后，我遇到了我后来的丈夫格兰特。我们两个都志向远大。"

"格兰特在达拉斯一家大银行找到一份工作。他向我求婚，我答应了。我知道我会想念夏威夷，还有我的工作，但格兰特的这次机会薪水不菲，对我们的经济来说意义重大。于是我们整理行装，去了达拉斯。我还没来得及在当地的报社找份差事，就意外地发现自己怀孕了，完全打乱了计划。"

我们都开玩笑说，很难相信帕特也有"打乱计划"的时候，这可不像帕特。

"也许是吧，"她继续说，"但你们在怀孕时找工作试试！要说不难，肯定是自欺欺人。当我告诉面试官我已怀孕时，我都能猜出他的心思：'我们为什么要浪费时间呢？我们将你培训好，然后让你离开六七个月去生孩子？'没人愿意雇用一个孕妇，更别说家有新生儿的妈妈了。我当时情绪非常低落。我兼职写过一些东西，但大部分经济来源还得依靠格兰特。真让人灰心沮丧。"

"我们盘算了一下，既然我们希望生两三个孩子，那还不如现在就生，等他们长大一点，我就可以重返职场了。几年内我生了3个孩子，成了一个陪伴孩子的全职妈妈。格兰特已经升了好几次职，现在是高层主管了，钱赚得也不少，所以我也没什么可抱怨的。我们从不缺钱，我也没必要重返职场。现在，3个孩子中有两个很快就要上大学,我终于有时间写作了,但新闻界的变化太大了,这些年来,我失去了许多时间和动力。我没信心重新回去奋斗。"

原本吵个不休的我们现在都安静了下来,我们都听出了帕特话语中的遗憾,却不知道该说什么才好,只能沉默了。帕特抬头看了看我们,仿佛明白了我们的心意,"看,我们都有自己的选择,我也作了我的选择。当然我也可以不这么做,但总而言之,我选择陪伴孩子,放弃了工作,我并不后悔。"她坚定地说。

帕特很坦然,她这一番话让我们轻松了不少。在贾妮斯的提议下,我们一起举杯:"为我们的选择干杯!祝我们得偿所愿,从此一帆风顺!"

莱丝莉看了看面前的空杯,然后说:"再来点香槟,然后听听金的故事。"

第三章　我的故事

假如你遵守所有规则，就失去了所有乐趣。

——凯瑟琳·赫本

服务员碰巧从旁经过，听到了莱丝莉的话，立即为我们把酒斟满了。他刚走开，莱丝莉就问："金，过去这20年，你过得怎样？"

"挺刺激的，"我说，"我记得13岁那年读过一本书，写的是4个十八九岁的少男少女游遍欧洲的故事。故事里讲了他们途中的冒险经历——好坏都有。那时我还住在新泽西，我在那儿出生，也在那儿长大。那本书真让我大开眼界，我第一次知道原来除了新泽西、纽约和宾夕法尼亚以外，还有另外一个世界。这就是我去夏威夷的原因之一。"

"我记得你家住在俄勒冈。"帕特说。

"14岁那年我家从新泽西搬到了俄勒冈。"我答道，"那是我第一次把目光投向外面的世界，初次领略到世界多姿多彩的美妙，我一定要亲自去看看。"

"因此，当我父母问我想去哪里上大学时，我回答'夏威夷'，我想，不管是生活还是探险，那儿肯定都是个令人着迷的地方。很自然，他们对我会花多少时间待在教室里、又会花多少时间泡在海滩上表示怀疑。他们的担忧不无道理。但他们很清楚我并不是一个用功的学生，在传统的大学里可能很难脱颖而出，于是他们同意先试一年。他们认为一年之后，我自然会把'夏威夷这档子事'丢在脑后，开始认真学习。"

"你的确离开过夏威夷，"帕特说，"不过后来你又回去了。"

"是的，我离开过，"我说，"实际上，为了到处旅行，在4年里我转了5次学，最后毕业于夏威夷大学市场营销专业。家中三姐妹中我是老幺，父母将我们都培养成了大学生。我拿到文凭以后，就把它包起来寄给了我父母，还附了一张纸条，写着：'祝贺你们！这是你们的功劳！'"

"我记得见过你父母，那时他们正在火奴鲁鲁度假，"帕特说，"他们很风趣！"

"我很幸运，"我说，"我的父母始终是我的生活中的榜样。我记得他们告诉我，只要我努力，就能实现所有的目标。他们鼓励我掌握自己的人生，并一再跟我说：'最重要的是你自己要快乐。'他们就是按照这一信条生活的。我妈妈是个老师，她既在传统的学校教书，还在残疾人学校教书。她总是那么乐观。我从她那里学到了善良、关爱，不斤斤计较。'真的值得为此烦恼吗？'她总这么问。我爸爸是个生意人，一个销售专家。他是我诚实正直的表率。他教导我，如果我与他人达成了协议，就必须不惜任何代价地履行。现在，我父母都全力支持着我和罗伯特，并为我们所做的一切感到骄傲。"

"和我们一样，你爱夏威夷，并且留了下来。"贾妮斯说。

"话说回来，我们当时都年轻、单身，住在火奴鲁鲁，无牵无挂，怎么能不爱那里呢？"

"的确如此，"贾妮斯说，"那是多么美好的时光啊！"

我的第一份工作

我继续讲我的故事。"我的第一份全职工作，是在火奴鲁鲁最大的广告公司的媒体部做事。那是份相当不错的工作。火奴鲁鲁是个小地方，我很快就在广告圈里混熟了，这个圈子里的人都很有意思。"

"后来我被调到公司的营销部。我们上一次聚会那会儿，我就在那里工作。不知你们还记不记得，我天生就不是做销售的那块料，而且没有职前培训，完全是边干边学。到25岁时，我全权负责一份面向火奴鲁鲁商业圈的杂志。我的主要精力都放在了杂志广告版面的销售上，手下另有两名销售员。杂志如果没有广告销售的收入，当然就没法再办下去了。每一期的广告销售量必须超过上一期，因此我们每个月都如履薄冰，但每次都做到了。"

"这是我们上次在火奴鲁鲁聚会时你干的工作。那么后来你去了哪里？"莱丝莉问。

"我在杂志社待了大约两年左右，决定来点大变化。我当时的计划是：第一步，移居纽约，那儿是全球广告业的圣地；第二步，进军公司高层；第三步，在麦迪逊大街上拥有一间高管办公室！这就是我的计划，我准备全力以赴……当时我是这么想的。

"但很快我就意识到，我的计划存在一个问题。我发现，要做到公司高层，就得善于执行命令。我必须成为遵命行事的模范。你们都知道，我不喜欢被人使唤。我的成长经历已经明确告诉我，遵命行事并不是我的长处。我说过我在第一份工作中两次被炒的事，对吧？

"所以我决定，实施 B 计划的时候到了。我很清楚自己性格上的缺点：要我去为别人工作是没有好结果的。我对自己说：'我知道自己要做什么，我要自己当老板！'

"但我立刻陷入困境，我对创业经商一窍不通。我不是在老板堆里长大的，不知道该从何开始。我要做什么生意？光想到这个就让我头疼。但至少我知道一件事：我希望拥有自己的事业。至于如何开创，就是另一回事了。虽然当时我才二十几岁，但仍然决定前往纽约，从那里起步。"

我和罗伯特的第一次约会

"我约了好友卡伦到火奴鲁鲁的星期五餐厅，聊聊我前往纽约的计划。"我说，"我们是健完身去的，就坐在吧台旁，她看到她朋友罗伯特和他的一帮朋友也在。于是，我们相互打了招呼，就这么简单……我当时就是这么想的。"

"长话短说，罗伯特想约我出去，约了近6个月，但我一直没答应。我解释说我正准备搬往纽约，不想再发展一段新恋情。当然这里面还有另外一层原因——我发现卡伦是罗伯特8年前的女朋友。罗伯特打电话给卡伦：'卡伦，我知道你和金是好朋友。能帮我个大忙吗？'卡伦说：'我就知道你有事。你要我帮什么忙？'当时还是个销售员的罗伯特说：'我要你帮我做媒！''我就知道你没事不会找我。'卡伦笑着说。

"果然，卡伦开始告诉我罗伯特是多好的一个人。可问题是，她的推销手段太厉害了，让我深信卡伦当时还喜欢罗伯特。为了表示对好友忠诚，我可不能跟她喜欢的人约会。两个月过去了，我一直在忙着为移居纽约的计划做准备。这段时间里，卡伦硬是让我相信她对罗伯特已经一点兴趣也没有了。同时，罗伯特攻势不断，鲜花、明信片、心意卡，然后是更多的花。所以，有天下午罗伯特打电话给我，再次约我出去时，我动心了：'今晚行吗？'

"再来说说罗伯特的销售技巧吧。他打了很多电话给卡伦了解我的情况，他知道了我最喜欢的两件事——一是上好的香槟，二是在海滩散步。我们第一次约会时，他就充分利用了这两件事。当时我开着浅橙色的丰田车来到钻石山罗伯特住的豪华酒店门口，泊车服务员为我打开车门，并对我说：'您一定是金小姐吧，清崎先生正等着您呢。我带您去他的套房。'我们穿过大堂，我搭电梯来到罗伯特的房间。他为我开门，我们聊了一会儿。之后我们就下楼到海滩上的米歇尔餐厅用餐，那是火奴鲁鲁最好的餐厅之一。

餐厅领班走过来说：'清崎先生，面朝海滩的餐桌已经准备好了，香槟正冰着呢。'好吧……我有些动心了。领班来倒香槟时又建议说：'如果你们喜欢，可以带着香槟到海滩上走走。'好，够了，我投降！此后我们一直在一起。"

初会生意伙伴

"第一次约会我们就待到了凌晨3点。那晚罗伯特问了我一个问题，我至今还记得。他问我：'你这辈子想做什么？'我脱口而出：'我要自己做生意，我不喜欢听人使唤，而且我爱做生意，所以看起来，我只能自己干啦。'他回答说：'我可以帮你。'不到一个月，我们就共同创办了第一家公司。第一次约会不仅让我们成了生活中的伴侣，还让我们成了商业上的伙伴。

"那天晚上罗伯特还跟我解释了他的'富爸爸'教给他的商业模式，他画了这样一幅图……"

我从手袋中拿出一张便签纸，在上面画了这幅图。

"'我称这幅图为"现金流象限",'罗伯特说,'它代表了投身商界的4种人。E表示雇员，S表示自由职业者，B代表企业主，I代表投资人。'"

"现在我是E,"我说,"我第一次看到这幅图时就问罗伯特：'自由职业者和企业主之间有什么不同？'"

"他解释说，S象限的自由职业者可能是医生、会计师、机修工或者美容师。他们有自己的生意，为自己工作。但他们自己就是生意的唯一劳动力。企业主的生意中还有其他人帮忙，他是在运作一个系统。微软、哈雷戴维森和星巴克就是B象限的代表。两者的区别是：如果S休假一个月，这个月就没有收入。他休息时，他的收入也中断了。而如果B休假一个月甚至一年，等他回来时，生意仍是好好的。罗伯特说：'在I象限或者说投资人象限发生的事儿，就是让钱为你努力工作，这样你就不用努力工作来赚钱了。'"

"'所以我的理想是成为B象限和I象限的人，不管我在不在，我的生意总在为我赚钱，投资也一样。'我当时总结说。

"'正是如此。'罗伯特说。

"两个月后，我们一起开始了第一单生意。我们设计了带有'Win/Win'字样的Logo，把它绣在各式衬衫、夹克上，然后拿到全美国的各种商务洽谈会、研讨会、展览会上销售。这第一单生意的目标是筹集我们自己下一年的旅行费和商业进修的学费。"

注意：谈到女人的创业和理财，我鼓励你们从E象限和S象限转到B象限和I象限，只有这样才能让你的努力得到最大的回报。（请参阅《富爸爸财务自由之路》。）

1985年——地狱般的一年

"1984年12月，我们卖掉了为数不多的家产，离开火奴鲁鲁前往南加州开创事业。不到两个月的时间，我们就花光了所有的钱。我们没有工作，身无分文，创业之路遥遥无期。那时我们甚至无家可归，只得睡在那辆破旧的丰田赛利卡上。老实说，1985年是我们最难熬的一年。"

"难到什么地步？"帕特问。

"你们听过这种说法吗，'钱给不了你快乐'？"我问。

"当然听过。"莱丝莉说。

"但我以我的亲身经历告诉你，没钱也会让你痛苦。我曾经认为富人都很贪婪、无情而且吝啬。但我发现，这些东西并不是富人独有的。当我和罗伯特一无所有时，我们开始相互争吵、相互指责。对彼此的不满日渐堆积——我们肯定都有错，但当时巨大的压力让我们难以承受。最糟糕的是，我的自尊就快被磨光了。我一向非常乐观、开朗、果断和自信，但在这段艰难的日子里，我开始怀疑一切。我问自己：'我到底还懂什么？'一开始只是有点自我怀疑，但很快就被放大成爬不上来也掉不到底的深渊。"

"那你后来是怎么摆脱这种一团糟的处境的？"帕特问。

救命一夜

"我和罗伯特敲遍了所有我们'在某种程度上'的熟人的家门，请求在他们那儿住一个晚上。那是段可怕的日子，但有一个晚上是我们两个永远都不会忘记的。当时，我们信用卡的透支额度都已用完。不过好在那里不是到处都有自动刷卡机可以检查信用卡的使用状态。那天下午，一个朋友开车送我们去'六便士'汽车旅馆，那是一家位于圣地亚哥高速公路旁的廉价汽车旅馆。我走进大堂，将信用卡放到柜台上，祈祷柜台服务员不要检查我的信用卡。他手工压印了我的卡，然后就递给我一把房间钥匙。我开心得差点儿就在大堂里跳了起来。出了门，我几乎是一路跑向汽车的。'我们有房住了！我们有房住了！'我大声嚷嚷，又不敢让店员听到。

"对许多人来说，那只是一家廉价的汽车旅馆。但对我们而言，那天晚上，那儿就是天堂了。我们到对面街上的肯德基买了一桶炸鸡块，再去隔壁的杂货店买了6瓶啤酒。然后就回到了房间里，就只有我们两个人。那一刻，一切是那么美妙。我们终于有一个地方可以暂避风雨。那一晚，我们紧紧相拥，虽然不知道明天会怎样，但至少那一晚，我们很安心。

"我确信如果没有彼此，我和罗伯特将无法渡过那几年的难关。我们的朋友和家人一直劝我们说：'为什么不找份工作？''创立自己的生意之前，先找份工作做吧。'我们知道，找工作就意味着走回头路。我们已经走了这么远,不能半途而废。我们也知道,如果我们沉溺于拿工资的舒适,可能就永远无法创立自己的生意。回想起来,正是当时那个可怕的处境,成了我们的动力。它驱使着我们走出困境。走出困境并不容易,但我们没有靠找份工作走出来。我们下定决心,一定要开创自己的生意。"

掌握自己的时候到了

我继续说:"最后,我们受够了这种糟透了的情况。罗伯特总结说,除了我们自己,没有人能让我们活得更好,果断采取行动的时候到了。我也决心不再自怨自艾、怨天尤人。于是,我们两个决定,掌握自己的命运,开始行动。我们做到了。"

"你们做什么生意呢?"贾妮斯问。

"我们办了一家传授投资技巧的商业教育公司。"我回答说,"来加州前,罗伯特在火奴鲁鲁做生意时,就花了好几年时间研究人们是如何学习的,并以此为基础开创了新的教学方法。后来我们的生意不断扩展,在全球7个国家设立了11家分公司。我们总是在外面跑,大部分时间都在海外。"

莱丝莉问:"你们俩什么时候结的婚?"

"1986年8月在加州的拉荷亚市,"我说,"那时生意还不怎么红火,但我们相信明天会更好。"

"后来怎么样了?"帕特问,"你们还在做这个吗?"

"1994年,在公司经营了9年之后,我们卖了它,退休了。那时我 37 岁，罗伯特 47 岁。最棒的是，我们自由了。"

"财务自由？"帕特问。

"对，我们不用再为钱而工作了。"我回答，"这种感觉真棒。"

莱丝莉问："这么说来，你们的公司卖了个大价钱吧？否则怎么不用工作呢，你才 37 岁。这意味着你们的钱得足够维持至少五六十年，甚至更长时间。"

我大笑地说："大多数人都会这么想。我们退休并不是因为公司卖了大价钱。如果我们只是依靠卖掉公司的钱生活，用不了两年就没钱花了。"

"那我就不明白了。"莱丝莉困惑地说。

"我们之所以能在 1994 年成功退休，全靠我们的投资。我们每个月都有投资收益入账，主要是房地产，这笔收益应付我们的生活开销绰绰有余。所以我说我们达到了财务自由。"

我的首次投资

"我对投资一无所知，"帕特说，"完全是个门外汉。"

"我原来也是，"我说，"我走上投资这条路时，甚至连'投资'是什么都没搞懂。我要学的东西可不少。"

"那你投资了什么呢？"贾妮斯问。

"我是先从房地产投资开始的，因为我对这个最有感觉。1989 年我买下了第一套出租屋，是俄勒冈州波特兰市的一套精致的两室一卫的房子，与我当时的住处仅隔两条街。告诉你们吧，我买房子的时候怕得要死,心想万一买错了,钱就打了水漂。当时真拿不准结果会如何。"

"具体的我就先不说了,"我接着说,"当我第一个月收到这套房子带来的50美元巨大利润或者叫现金流时,我狂喜不已,开始欲罢不能。现在我名下已经有了价值几百万美元的房地产和其他投资项目,正是这些投资项目每个月都给我带来了大量的现金流。现在我完全实现了财务自由,完全独立了。"

贾妮斯说:"想到'投资'这个词,从我脑子里冒出来的就是共同基金、股票和债券。我一般不会想到房地产。你是靠买卖房产赚钱吗?"

"不是买卖,而是买入后持有。这是个大课题,我们以后有时间再说吧。"

富爸爸公司

"你和罗伯特退休后又做了些什么呢?"莱丝莉问,"我可不信你们每天就无所事事地待着?"

"当然不是,"我笑道,"那年我们在一个名叫比斯比的小镇买下了一座0.3平方千米的农场。比斯比是亚利桑那州南部山区的一个颇具艺术气息的小镇。我们买的房子是西部开发时代的一个破旧的马车库。我们将它改建成了一套一居室,旁边带个独立的工作室,面向小河,没有电视,没有收音机,只有宁静和安详。"

"就是在宁静的比斯比,罗伯特写出了《富爸爸穷爸爸》,这本书提醒人们注意：'富人教他们的孩子如何理财，而穷人和中产阶级却从不这样做！'罗伯特在比斯比写书时，我把凤凰城的一间小旅馆改造成了公寓楼。这是我第一次对房产进行改造，看到那幢楼焕然一新，我很开心。

"说到成功，《富爸爸穷爸爸》现在是《纽约时报》畅销书排行榜历史上在榜时间最长的4本书之一。《富爸爸穷爸爸》出版之前，我们设计了一种叫'现金流101'的桌面游戏。这种游戏能教人们如何达到财务自由。通过玩游戏，人们能够对投资和理财有所体验。游戏的目的是让你走出大部分人身陷其中的'老鼠赛跑'，进入有更大投资机会的'快车道'。从老鼠跑道进入快车道的关键是一种叫做'现金流'的东西。当你每月投资所得的现金流大于每月支出，就可以跳出'老鼠赛跑'了！

"罗伯特和我以及我们的合伙人莎伦·莱希特自费出版了《富爸爸穷爸爸》，1997年4月印了1000本。老实说，我们当时觉得，未来10年送给别人的圣诞礼物这下不用愁了。没有一家书店要这本书，没有一个经销商愿意接手，没有一家批发商给我们回电话。所以我们开始自己推销。我们在一个朋友的洗车店开始了第一次推销，尽可能到处分发。后来这本书才开始慢慢地卖起来。一传十，十传百，两年之内，《富爸爸穷爸爸》就登上了《华尔街日报》畅销书排行榜。我们开心极了！

"坦白说，我们当时并没有计划要再开一家公司，但现在，富爸爸公司的发展远远超出了我们的预期。现在，这本书已经被译成了51种语言，在109个国家和地区销售。'现金流'游戏也被译成了16种语言。这些数字还在不断增加。现在已经有了一整套'富爸爸'系列和'富爸爸顾问'系列图书,'富爸爸顾问'系列是我们的投资顾问和商业顾问写的。这个生意不断发展,已成为代表着财务自由和财务独立的国际品牌。我和罗伯特无比高兴、充满感激。"

"真是精彩的人生啊!"莱丝莉感叹道,"过去20年,你们过得真充实——从一无所有到年轻退休,再到拥有国际化的大公司。你们真幸运,真羡慕你今天的成就。"

"我确实很幸运,"我说,"但我不知道是不是大部分人都愿意经历我和罗伯特成功前曾经经历的事。为了未来的路更好走,我们选了一条充满艰辛的道路,而大多数人都会绕道而行。幸运的是,我们的努力得到了回报。"

"这就是我的故事,唯一可以肯定的就是:这故事不闷。"

给女性的特别提示

由于富爸爸公司,我有了许多与女性交谈的机会。她们总是问我:"能不能请你给我们女人说说投资?"这就是我写作本书的初衷。本书的主要目的很简单,就是要激发女人采取行动,让女人了解,要获得财务独立并不需要什么高超的技巧。每个人都做得到,需要的只是一些时间,还有适当的教育。

我相信,纵观全书,有一点是明白无疑的:和以前相比,今天我们女人再也不能依赖别人在经济上照顾我们了,不管是我们的丈夫、朋友、父母、老板,还是政府,都不能依赖。那些在我们的母亲和祖母们眼中天经地义的事情已经不再适合我们了。我的观点是，女人必须学习投资，以确保自身和孩子的安全。这已经不再是一个选择。规则变了，我们现在要在经济上掌握自己的未来。

第四章　20年前，在一个小岛上

　　女人想要男人、事业、金钱、孩子、朋友、奢华、舒适、独立、自由、尊重、爱情，还有3美元一双不会脱丝的丝袜。

　　　　　　　　　　　　——菲利斯·迪勒①

　　听完了大家20年来的故事，我们又回忆了那段在夏威夷一起共度的日子。"你们还记得吗？"之类的问题不绝于耳。

　　帕特举起手："谁还记得我们上一次聚餐？"

　　大家沉默了大约30秒，思绪又回到岛上的日子。我们都不是在夏威夷长大的，被吸引到岛上的原因都一样：沙滩、美妙的生活、温暖的海水、宜人的热带气候，还有玩乐、玩乐、玩乐！我第一次去夏威夷是在高中时代和家人一起去的。那一个星期的假期让我觉得，全世界最幸福的人都住在夏威夷。我决定，以后也要住在那里。

---

　　①美国当代著名喜剧女演员。曾获"金球奖"提名，被公认为女性"栋笃笑"（stand-up comedy，类似于中国的相声）表演的先驱。

我们都沉浸在对那些单身的、无忧无虑的天堂般的日子的回忆里。最后，贾妮斯打破了沉默："20年前的那次聚会，是在塔希提的拉奈岛。"

莱丝莉笑着说："是1月份，阳光灿烂，我还记得那天贾妮斯戴了顶大草帽，玛莎穿了件粉红色的圆点紧身背心，男人们看得眼都直了。"

"我们坐在沙滩上，空气里都是晒黑膏的味道，"帕特补充说，"喝的是店酒①，不是高级香槟。多好的日子啊，没有牵挂，没有烦恼，虽然挣钱都不多，但活得多滋润啊！"

"而且那时候大家的体形都很好，整天穿着泳衣到处逛。"贾妮斯说。

"是啊，我们在那段时间里一起长大，"我说，"真可惜玛莎和特蕾西这次来不了。要是都来齐了该多好啊！不过，帕特，真有你的，还能把我们凑到一块儿。这次算我们欠你的。"

玛莎的故事

莱丝莉还在回忆着："我记得，玛莎总是穿着泳衣，成天带着冲浪板待在海边，她是个地地道道的'冲浪女郎'。她本来就是在南加州海边长大的，也难怪她那么爱海，做什么事都要跟海有关，连专业也选了海洋学。"

---

①西餐厅会常备一些既符合大众口味，又能搭配餐厅菜肴的酒，称之为店酒。店酒的价钱通常比较便宜。

贾妮斯说："记得上次聚会的时候她刚开始在海洋生命学院工作。对她这种以保护海洋为己任的人来说，那儿可真是天堂，她当时就像要去完成拯救地球的使命似的！她还梦想着可以在雅克·库斯托[①]著名的'卡吕普索号'船上工作呢。对了，帕特，你和她聊过，她过得怎么样？"

"我也就和她简单聊过几句，"帕特说，"我问她怎么搬回加州了。她说她本来打算回去给父母的生意帮几个月的忙，因为他们有个高级职员突然离职了。可是后来就这么待了下来。她说还算惬意，可以天天冲浪，我记得她当时告诉我说生活'非常舒适'。但那口气听起来却有点疲惫。她父亲去世了，她现在和母亲住在一起。刚才我说了，她母亲身体不大好，玛莎一个人照顾着她，所以今天来不了。看来也不容易。"

"这么说她没有继续从事海洋工作？"我问。

"应该没有。我问过她,但她似乎很回避这个问题。"帕特说。

"真没想到。"我说。

"她有没有说结没结婚？有没有孩子呢？"贾妮斯问。

"没说。"帕特答道。

特蕾西的故事

"特蕾西呢？她现在怎么样了？"我问。

[①]法国著名海底探险家和海洋研究学者，曾亲自制作了大型海底纪录片《雅克·库斯托海中游记》。

"今天早上那个电话里她很不开心,"帕特说,"她说她很没用,来不了。而且她'厌倦了公司的一切'。我不太肯定她是因为手头这个项目说的气话还是有别的意思。以前我也和她联系过几次,她听起来都不大开心,声音有气无力的。我知道她结婚了,有两个孩子。她做到了公司高层,既要养育两个孩子,还要照顾丈夫,这可不容易。我觉得她够棒的了。"

"看来特蕾西还是如愿以偿了,"我说,"我和她曾经因为工作见过面……可以算知道得多一点吧。还记得吗?有一段时间火奴鲁鲁市中心每周五下班后都会封成步行区,餐厅到很晚才打烊,还有乐队。大街上人山人海,大多数人都是在市区上班的,从这家餐厅吃到那家餐厅,从这家酒吧喝到那家酒吧。在那儿很容易认识新朋友,这也是在市中心上班的好处之一。我和特蕾西就是那样遇到的,很快就聊了起来,我们上的还是同一所大学的商学院呢。"

我继续说:"特蕾西当时就对大公司情有独钟,想一步步爬上公司高层,看来她真的做到了。记得她毕业之后的第一份工作是在夏威夷当地的一家食品公司做前台,很快就升了好几次,到了很高的职位。当时我们聊的都是在岛外出差、她多么喜欢跟客户打交道之类的话题。她当时就有这种气质,我想现在也还保持着吧。"

"20年过去了,"帕特感叹道,"我的生活与我曾经梦想过的几乎完全不同。这是怎么回事?"

"我想,这就叫'生活'吧,"莱丝莉说,"生活使然。"她顿了一下,接着说:"还记得上次聚餐我们的最后一个话题吗?"我们都不知道她指的是哪个话题。

"大概是这样的,"莱丝莉一边回忆一边说,"贾妮斯当时也晚了大概半个小时,气喘吁吁的,恨不得一口气把迟到的原因全说清楚。"

"本性难移。"帕特插了一句。

"喂!你们欺负我!"贾妮斯笑着说。

我们20年的约定

莱丝莉开始生动地叙述当时的情景:

"'你们聊什么了?我错过了哪些?快告诉我!'贾妮斯不顾肩上滑下来的包和头上快要吹掉的大草帽,迫不及待地问。

"我们把之前的谈话简要地跟她说了说,然后帕特开口了:'我在想,20年后我们都是什么样的。'

"'20年后!'玛莎叫了起来,'吃完这顿饭以后的事还没想呢,别说20年后了!'

"'20年后,我们就老了!'特蕾西说,'谁要想那么远?!'我们都笑了。我们根本不愿意想以后,于是就此打住,只想好好一起享用一顿午餐。

"可帕特很坚持:'别呀,姑娘们,说说你们觉得自己会在哪儿,在干什么?'

"贾妮斯说:'我想要独立富有,疯狂恋爱,然后周游世界。'

"'我也是!'

"'还有我!'

"'我也是!'

"'算我一个!'

"我们都觉得:'哇,考虑将来——这问题太远了,太严肃,太费劲。而且这个问题从我们小学开始,就一直被问到:你长大了想干什么?算了,还是先享受今天吧。'

"可是帕特还是不依不饶:'我们以后肯定还会见面的,我们很可能走不同的路。我们做个约定,20年后再回来相聚,怎么样?看看大家到时候都在干什么,不是很有意思吗?'

"为了让帕特闭嘴,我们都同意了20年后再次聚会,来一次'姑娘们的聚餐',分享每个人的生活经历。当然,当时没定好谁来组织,也没说好怎么保持联系。但当时的确有这么个约定,最起码要一起吃顿饭。"

我们都不禁笑了起来,鼓掌称赞莱丝莉的记性,她说的没错。

"我只记得大家都同意了聚会,但其他细节记不清楚了。"帕特承认。

"你可别再让我们这顿饭也吃得深沉哦。"贾妮斯笑着说。

"这次不玩深沉了。"帕特说。

"要不要来些甜品?"服务员问。

第五章　不止因为金钱

你可以拥有一切，但你无法同时拥有一切。

——欧普拉·温弗瑞①

我们无法抗拒甜品的诱惑，所以又点了两份，4个人一起吃。服务员走开后，莱丝莉问："金，你说你几年前就退休了，对吗？"

"是的，在1994年。"我回答。

"但你现在也不是那么悠闲啊。我觉得退休生活就应该是在乡村俱乐部打打球，在游轮甲板上吹吹风什么的。可你看起来比以前还忙。"

我笑了："我现在的生活肯定不能说是悠闲。不过这一点你说得很对，大多数人都认为退休后过的就是田园牧歌式的生活——

---

①美国著名电视节目主持人。她主持的《欧普拉脱口秀》是有史以来收视率最高的电视节目，她因此而数度赢得"艾美奖"。除此之外，她还是颇有影响力的图书评论家、奥斯卡提名女演员和杂志出版人。她是20世纪最富有的美国黑人女性。

夫妻俩躺在白色的沙滩上，时不时和高尔夫球友打个18洞，或者去向往已久的远方旅行。"

"我喜欢去远方旅行，也喜欢白色的沙滩。"贾妮斯插了一句。

"我也是，"我说，"我还喜欢打高尔夫。但对我来说更重要的是，我喜欢新的挑战，喜欢不断学习。工作是我生命中非常重要的部分。在我看来，要不要退休，要不要工作，都不是最重要的。关键是我的财务状况可以让我自由选择，只要我愿意，就可以不去工作。我不再需要靠工作或者做生意赚钱来维持生活。我可以做自己想做的事情，也就是说，在财务上我有了自由——做想做的事情的自由。"

莱丝莉追问道："如果不介意的话，说说你是怎么做到的吧？你刚才说是投资给你带来了金钱，可我还不明白光靠投资赚的钱怎么够你退休后用。我是说，要想从此不用工作，你得赚很多钱才行。你是怎么做到的啊？"

"其实，我并没有赚到很多钱。"我说，"我们只是多年来一直在做这件事。罗伯特的富爸爸一直教育他说：'你得学会怎么让钱努力为你工作，这样你就不用为钱努力工作了。'他说只要你还在为钱工作，你就没有自由，因为你只有工作才能保证有收入。"

"罗伯特的'富爸爸'是什么意思？"贾妮斯问。

"富爸爸是罗伯特一个好朋友的爸爸，13岁就辍学养家，后来成了夏威夷最富有的人之一。罗伯特大部分有关金钱和投资的知识都是跟富爸爸学的。

"在罗伯特只有9岁时，富爸爸就开始教他怎么让钱为自己工作。我是从1989年才开始学习让钱为我工作的,也正是在那时,我被带进了投资的世界。"

"好吧,你都好几次提到投资了,"莱丝莉有点不耐烦了,"说到投资,我总是很担心,投资是会亏本的!我觉得投资太冒险了,而且也很复杂,有经济头脑的人才搞得明白。我是艺术家,连支票簿都摆不平。我觉得自己根本不可能跟投资扯上关系。"

"投资的事情我总是交给老公处理,"帕特说,"我根本没有这方面的细胞,它太复杂了。连股票经纪人在说什么我都听不懂。"然后她问:"你炒股吗?炒股可以赚很多钱吧?我老公也炒股,但没赚到钱。"

贾妮斯说:"我手上也有点股票,还有一些共同基金,但我不大关心。是很多年前买的,我一直持有,虽然我也希望一买就升。再说我自己的生意也很忙,没心思再管投资的事儿。"

我静静地坐着,听着。她们都看着我,等着我回答。我字斟句酌地说:"我才说了'投资'两个字,你们3个就本能地作出了反应。莱丝莉说风险太大,帕特说太复杂,贾妮斯说没时间。你们都在告诉我你们不投资的原因。"

我继续说:"我们先退一步看看。莱丝莉问我怎么能退休,我说靠的是投资。但说得明白一些,我的目标并不是投资,甚至也不是变成富人,我的目标是达到财务独立。从小时候开始,我就知道自己不愿意在经济上依靠任何人——无论是丈夫、老板、父母,还是其他人。对我来说,财务独立就是自由。只要我还依赖别人生存,我就不得自由,就这么简单。对我来说,财务独立的定义是：不用为钱工作，每月流进口袋的钱比每月的生活支出多，这就达到了财务独立。

我解释说："达到这个目标的方法很多，买彩票当然可以算一种，但我觉得自己赢大奖的机会几乎为零。我也没有遗产可以继承，更不愿意为了钱嫁人。"

贾妮斯插进来说："还记得在健身俱乐部工作的那个埃里卡吗？她就嫁给有钱人了，嫁了个比她大三十多岁的家伙！她的绯闻可不少哦，我都不清楚她跟她老公谁的桃色事件多一些。"

我们都一脸茫然地看着贾妮斯。

"对不起，想到了就说了。"贾妮斯说。

"就像我说的那样，我不会为了钱嫁人，"我继续说道，"有些人做生意可以赚大钱。但是像罗伯特和我，虽然也做生意，但不能保证一定会成功。而且，就算生意成功了，你又想要做多久呢？所以，当我被带进投资的世界时，一下子就着迷了。"

莱丝莉更困惑了："你看，我刚才还有点明白，可现在我更搞不懂投资是什么意思了。"

我笑了："我说过，我当时也不懂。老实说，当时还不是投资这个想法让我感兴趣。让我感兴趣的是，通过投资能每月让钱自动流进我的口袋，而且，这样我就不用工作了。就像你说的，莱丝莉，如果要想不再工作，我们就得有很大一笔钱。如果我依靠存款生活，那就得有很多存款。但是，如果购买投资项目，就可以每个月都有钱进账，那么就不需要依赖一大笔现金来生活了。你们觉得有道理吗？"

3个人都犹犹豫豫地点点头。

"所以，重要的是得每月都有稳定数额的钱进账，而不是有大笔的存款？"帕特问。

"是的，"我答道，"这叫现金流。每个月都有现金流进来。"

"那你们每个月需要多少现金流啊？"帕特问。

"问得好！不管我是否工作，每个月都要有钱来支付生活开销，并且还得有点富余，就这么简单，一开始就是这个目标。用于投资的资产每个月都可以带来足够的现金流，让我生活得还不错。这一点为什么重要呢？因为从这一天开始，37岁的我自由了。从这一天开始，我不用每天出现在办公室，不用再放弃自己喜欢的事情，不用再听老板的使唤了。从这一天开始，我不用在经济上依靠任何人了。我自由了，可以想做什么就做什么。这时，我才开始郑重地问自己：'我这辈子到底想做什么？'这感觉就像是回到了20年前的火奴鲁鲁，新生活刚刚开始，可以作各种各样的选择，而且情况比当时更好，因为我不用担心钱的问题。现在，我只管选择自己喜欢做的，而不用必须做什么了。财务独立意味着更多的选择。

"我再补充一点，我看到很多女人由于经济原因依赖着丈夫，身陷不幸的婚姻中无法自拔，也看到很多女人为了薪水而不得不忍受令人厌倦的工作。在我看来，她们都选择了'保障'而不是'自尊'。对我来说，这是最大的犯罪！多少女人因为经济原因选择不愉快的处境，嘴上却说：'金钱并不是那么重要。'大多数女人不愿意承认金钱在生活中扮演的角色有多么重要。问问你自己，如果你已经拥有了全世界的钱，你会改变某些生活现状吗？金钱，可以让女人陷在悲惨境地难以自拔，也可以让她们自由。这得她们自己来决定。"

她们3个沉默了，我想，我的话触动了她们。

为什么女性必须成为投资人

最近有位年轻的记者找到我，很动情地说："我们一定要让女人意识到，她们必须自己掌管金钱，她们再也不能在经济上依赖别人！"深入交谈之后，我明白了她如此动情的原因。原来她54岁的母亲最近离婚了，几乎一无所获，不得不搬来和她同住。她现在要养活自己和母亲两个人。这个状况给年轻的记者敲响了警钟，她意识到，如果没有了工资，她只有7000美元存款了，所以她立即行动起来了。

我在本书的前言里说过，"如何"进行投资——包括如何购买出租屋，如何选择股票，如何分析商业投资以取得较高的收益等——对男人和女人来说都是一样的。但是，为什么要成为投资人，男女之间的差异是很大的。

我们知道今天的生活已经和我们的母亲一辈有很大的不同了，但差异之大可能仍会让你大吃一惊。以下是女人为什么要成为投资人的6个强有力的理由：

理由1：统计数据

有关女人和金钱的统计数据让人吃惊。下面是一组美国的数据，但我发现世界上其他国家的数据要么相差无几，要么也有这样的趋势。

在美国：

● 50 岁以上的女人中有 47% 是单身。（这意味着她们必须在经济上支撑自己。）

● 女人退休后收入比男人低。因为女人一生中平均有 14.7 年无法工作，而男人只有 1.6 年。（女人一般是照顾家庭的主力。）再加上薪水较低，女性的退休津贴平均只有男性的 1/4。（美国女性及退休研究中心数据）

● 50% 的婚姻以离婚收场。（离婚后孩子一般由谁抚养？是女人！因此她不仅要养活自己，还要养活孩子。婚姻中夫妻争吵的第一原因是什么？钱！）

● 离婚后第一年，女性的生活水平平均下降 73%。

● 到 2000 年为止，女人的平均寿命比男人长 7～10 年，（安·莱提瑞希，2000 年 6 月 12 日）这意味着女人必须多承担这么多年的生活负担。另外，婴儿潮一代的已婚女性，预计比她们的丈夫寿命平均长 15～20 年。

● 1948～1964 年间出生的女性，由于经济储备和退休金不足，平均需要工作至 74 岁。（美国女性及退休研究中心数据，1996 年）

● 老年贫困人口中：

3/4 为女性；（晨星基金投资者协会数据）

80% 的女人在丈夫在世时并不贫穷。

●每10个女人中,大约有7个经历过贫困生活。

这些统计数据能告诉我们什么?它说明,越来越多的女人,特别是当她们年老时,并没有学会或者准备好在经济上照顾自己。我们一辈子都在照顾家庭,但在最后关头,竟然没有能力照顾自己。我们要么依靠别人照顾自己——丈夫、朋友、老板、亲人或者政府,要么以为船到桥头自然直。这就是我们成长过程中的童话。

还有3个需要重视的统计数据:

●90%的女人在一生中必须独自承担自己的经济压力,但79%的女人并没有为此做好准备。

●58%的婴儿潮一代的女性的退休金不足1万美元。

●只有20%的婴儿潮一代的女性退休后有足够的经济保障。(《女士杂志》,2002年。)(也就是说,80%的退休女性没有保障。但是,读了这本书,你将朝那20%迈进。理想的情况是,越来越多的女性通过投资到达彼岸,20%的比例将迅速增加。)

理由2:避免依赖

结婚并不是为了离婚,上班并不是为了被炒。但还是有人离婚了,有人被炒了,而且现在离婚的人和被炒的人越来越多。前面已经说过,女人啊,如果你在经济上依靠丈夫、老板、或者其他什么人,请三思而行!谁知道哪天他们可能就不在了。我们总是到了不得不独自面对生活时,才意识到自己多么依赖他人。

这是我自己的故事。我和罗伯特在第一次约会的一个月之后就成了生意伙伴。几年里，我们一起做了几笔业务。

我们的商业教育公司经营了大约6年的时候，罗伯特和我大吵了一架，这次争吵让我顿悟。当时，我们的公司在澳大利亚、新西兰、美国、中国香港、新加坡、马来西亚和加拿大都有业务，罗伯特是公司的形象代表、发言人和规划师。这在商业上是极有意义的。一天，罗伯特和我有点意见不合，后来演变为一场大吵。争吵中，我摔门而出。那时我们两个都不冷静，我需要自己静一静，于是爬到了附近的山上。我一个人静静地思考着，现实给了我当头棒喝。

我一直自诩独立。从高中时得到第一份兼职起，我就知道，只要自己能挣钱，就用不着依赖别人。但是，虽然这家公司是由我和罗伯特两个人白手起家创办的，但如果我和罗伯特分手，我不仅会失去婚姻，而且连生意也没了；我突然意识到罗伯特是公司的形象代表，如果他走了，生意就垮了。如果他留下来，我就得走。现实无情地掴了我一巴掌。不管在哪种情况下，我都已经完全依赖于罗伯特了。简直不敢相信！我当然知道罗伯特不会这么想，但我会！这给我敲响了警钟。不管作出什么决定，都得对我自己有利——而不只是对我的银行账户有利。

罗伯特和我很快和好了，显然我们双方都愿意长相厮守。但是那声警钟使我改变了生活的态度。在那之前我已经买下了几套出租屋，但都是作为兴趣玩玩而已。但现在我开始把这当成自己获得自由的途径。于是我开始全力以赴，投资对我来说不再是"玩玩",而成了一项使命。

变成一个投资人还带来了一个意料之外的好处。我理解了投资这种游戏,并学会了如何不工作就能挣到被动收入,我第一次意识到,我不再需要依赖罗伯特了。更让人受启迪的是,我发现自己想要跟罗伯特一起生活,不是因为需要,而是因为喜欢!那一刻,我们的关系有了全新的含义。我们在一起,只是因为我们彼此喜欢。

我还收到了一份大礼:在这个过程中,我的自我价值感增强了。结果,罗伯特和我更加互相尊重,学会了互爱,实现了平等,婚姻中的幸福感也越来越强。

理由3:玻璃天花板

大公司里许多女性的障碍被称做"玻璃天花板现象"。玻璃天花板的意思是,由于性别的原因,女性在公司的职位只能升到某个层次。

而在投资的世界里,没人在乎你是男人还是女人,是黑人还是白人,是大学毕业还是连中学都没毕业。市场只在乎你对赚钱有多明智。关键是教育和经验。你在投资方面越聪明,作为投资人你就越成功。在投资世界里,对于女人来说,没有限制,没有什么天花板——不管是玻璃的,还是其他的。

理由4:收入无限制

由于玻璃天花板,以及仍然存在于男女之间的薪资不平等现象,女性的收入通常很有限。研究表明,与男同事教育程度相同、经验相仿的女性，收入约为男同事的74%。而在投资中，赚钱是没有限制的。作为投资人，自己能赚多少钱，完全可以你说了算。

我不想让人决定我能赚多少钱。收入无限制，这对我很有吸引力。

理由5：增强自我价值感

我个人认为，这是对女性投资人的最大好处之一。女人的自尊与女人养活自己的能力有关，这是老生常谈了。经济上依赖他人会让女人的自我价值感降低。如果金钱不是问题，你肯定能做到一些本来没办法做的事情。

我见过很多女人在懂得如何掌控自己的经济之后，自我价值感得到了极大的增强。而且，自我价值感提升之后，她与周围的人的关系也有所改善。她的生活质量常会整体提高一个档次，因为她对自己信心满满，并且会作出真正对自己有利的选择。每一次小小的成功，都可以进一步提高自信，自信的提高也会使自我价值感增强。自我价值感的提升又能帮助自己取得更大的成功，最终得到最大的礼物——自由。

理由6：掌握你的时间

女人投资时经常（通常比男人更多）碰到的一个大问题就是时间，特别是对于需要花许多时间照顾孩子的妈妈们来说尤其如此。我经常听到许多女性朋友说："下班回家后，我得做饭，守着孩子做功课，然后洗碗。等大家最后都上床了，我才有一点属于自己的时间，但那时我已经精疲力竭了。"

作为一名投资人，你可以掌握自己的时间：可以兼职做，也可以全职做；可以在家做，也可以在办公室、在任何地方做。

你还可以带着孩子一起投资。很多妈妈告诉我，她们带着孩子去看房产，或者其他投资项目。这种做法有个很大的优点：带孩子参与投资过程，你实际上也在教他们如何做一名投资人。你会成为一位老师，就像罗伯特的富爸爸一样。

我没有孩子，但完全理解父母与孩子共处的愿望，看着孩子长大，和孩子共同经历他们生命中的许多"第一次"，这需要最大的自由——时间自由。作为投资人，你可以按自己的意愿安排时间——不管是和孩子，和配偶一起度假，还是去寻找投资机会，你一直都掌握着自己的时间。

总结

以上是为什么女人要成为投资人的6个原因。统计数据显示，女人的生活已经经历了多次变化，而且，让女人接受实际的财商教育已经不再是一种奢望，而是一种必需。现在，在经济上依靠他人就和拉斯维加斯的轮盘掷骰子一样，虽然最后可能有赢的机会，但风险太大。

许多女人长久以来与玻璃天花板和收入上的限制作斗争，在投资的世界里它们都不复存在。你还可以得到两个最大的礼物——更高的自我价值感，以及完全按照自己意愿支配的时间。今天，投资对女人来说不仅仅是个好主意，还是一项必备的技能。

第六章 "我没时间!"

> 我认为,我们应为自己的选择负全部责任,同时也必须接受自己的每一言行和思想带来的后果。
>
> ——伊丽莎白·库伯勒·罗斯[①]

帕特先开口说:"真让我大开眼界!我就觉得自己总在经济上依赖着丈夫。如果让我自己在财务上拿主意,我会不自在的,因为家里是他赚钱,所以我没什么发言权。不过我自己存了一点点私房钱,可以买自己喜欢的东西。但最近发生了一件真正让我深有感触的事情——我一个结婚22年的好朋友正在办离婚。能说的都说了、能做的都做了,最后对方只同意负担孩子的抚养费,而她几乎一无所得。她就正好符合刚才那些统计数据。她已经有18年没上班,就快50岁了。她现在还在作最后一搏,到处投简历,心里很慌张。"

[①]当代著名国际生死学大师。她在精神病治疗领域开创了"库伯勒·罗斯模式",著作有《论死亡与濒死》。她去世后被收入美国国家知名女性纪念馆。

贾妮斯有点不自在:"我问你,我很喜欢自己现在的工作,打算全身心地投入,最好以后能让它卖个好价钱。我自己觉得这个计划很不错,那我干吗要投资呢?"

"你的计划很好,"我告诉她,"我只是说还可以有多一些选择。如果你的计划完全按你的意思实现,那再好不过了。我知道你会成功的。对我们的富爸爸公司来说,公司成立时我们已经获得了财务自由,这能促进公司取得成功。因为从公司成立那一天起,罗伯特和我就不需要靠公司来赚钱,我们的合伙人莎伦也是。所以每次做决定的时候我们总是自问:'对公司最好的决定是什么?'而不是'怎样才可以赚到最多的钱?'我们能够为公司作出更好的选择,仅这一点就大大加快了公司的发展速度。"

"再说个故事吧,也发生在一个热爱工作的女人身上。"我继续说道,"我有个很要好的朋友卡罗尔,她是个牙医。她有自己的诊所,最近她被确诊得了乳腺癌。谢天谢地,因为发现得早,她没出什么事。经历了这场严酷的考验之后,她打电话给我说:'这为我敲响了警钟。你看,像我这样一个成功的牙医,收入丰厚,热爱自己的事业,却突然之间得了癌症。我当时立刻就想到,如果自己不能再工作了,会有什么后果。那份不菲的收入很快就化为乌有,而我的存款大概只够维持一年。我当时很惊慌,不仅是因为面对癌症,最重要的是面临着可能的财务危机。'"

"卡罗尔从此醒悟,现在她已有了好几处出租屋,为她带来定期收入,而且她也在尝试着让诊所自行运转,希望如果有一天自己真的不得不离开时,它仍然可以正常运作。"

我总结道："再强调一次，这都是为了让自己有更多的选择。"
贾妮斯赞同地点点头。

女人的头号借口

"但是，贾妮斯，你问了一个最重要的问题：女人，或者不管什么人，如果要开始一项新的事业，比如投资，都需要提出你的这个问题。"

"我问了什么问题？"

"这个问题如果不能得到诚恳的回答，就会破坏成功的机会，"我说，"首先我得说：我今天在这里可不是要教你们如何成为大投资家的。虽然我觉得对你们来说投资也许是件好事情。但我们今天在这里只是想聚一聚，舒舒服服地一起吃顿午饭，聊聊'过去的好时光'，好好享受这一天，不是吗？"

"没关系，"帕特说，"你说的这些也很有用处。"

"好吧，我有时就是忍不住要和我所关心的人分享我这些年学到的东西，而且总是一开口就停不下来。如果听起来像说教，你们可得担待点儿。我所学到和做到的并不是因为我聪明、有高学历、有特殊技能，或者是比别人懂得多，也不是因为我有什么伟大的奇思妙想，跟这些通通没有关系。我都是从一些伟大的老师那儿学来的——大部分人也许还不知道他们是我的老师。他们是商人、投资人、作家、父母还有朋友。所以，当我说到投资的时候，我分享的其实是这么多人的知识和经验。

"我可一点没有想说服你们去干什么的意思,只不过是出于热心,因为我看到许多参与了这个游戏的女人,生活都开始好转。我不想再豪言壮语了,你们要是想谈,下次我们再找机会。现在,还是让我们庆祝这次重逢吧。"

那个问题是什么

"等等,"贾妮斯打断我,"你说我问了一个重要的问题,我想知道我问什么了。"

我转向帕特和莱丝莉:"你们两个想听吗?要不我找时间和贾妮斯单独聊这个问题。"

"别,你就说吧,"莱丝莉说,"我也很想听。刚才听到的这些事情,我的确感到有些吃惊。不过说实话,我也要寻求这些问题的答案。"

帕特也凑上来说:"你都已经把我的胃口吊起来了,虽然有些东西和我的关系并不是特别大,说吧!"

"好吧。贾妮斯问了一个最重要的问题。但说这个问题之前,我们先作个铺垫。我问你们,如果我建议大家为保持体形每星期花 3 天时间去健身,你们怎么看?"

"我太忙了,不可能在这么长时间里不管工作。"贾妮斯首先说。

"是啊,我也不可能每星期休息 3 天,时间太长了。"莱丝莉跟着说。

"有时间的话我也许会,我的身材完全走样了。"帕特最后说。

"时间,你们说的都是时间,是吧?"我问。她们都点了点头。

"我们太忙,我们没时间。即使这件事情对我们有好处,我们也抽不出时间。"

"你到底想说什么呢?"莱丝莉问。

我继续说:"如果我们不愿意做某件事情,就会去找借口,并把它伪装成理由。这些理由总是冠冕堂皇,但实际上它们只是'我不想做'或者'我不要做'的另一种表达。现在人们最常用的借口是什么?"

"我没时间!"莱丝莉说。

"对!我们的确常常没有时间,我们都很忙。我们经常说'如果一天能够多出一个小时……',女人尤其如此,因为我们都有工作,有孩子,有丈夫,有朋友,还有其他日常琐事。所以,如果有人建议再增加其他什么会花时间的活动,我们的第一反应就是拒绝。

"但实际上,当我们在说'我没时间'的时候,其实是想表示:'你说的那件事不如我手头的事重要。'说'我没时间'本身无所谓对错,但我们应该问问自己:'哪个是最重要的?'大多数情况下,'我没时间'只是我们条件反射式的回答,因为我们已经无法应付现在的生活,不想再加重自己的负担。"

"可如果我们真的忙得不可开交,确实没有时间呢?"贾妮斯又问。

"问得好!"我说。

"提问我最拿手，回答就不行了。"贾妮斯笑了。

"这正好与你原来的那个问题有关，"我说，"只要我和女性朋友们说起投资，她们脱口而出的第一个理由或借口——你们都已经猜到了——就是'我没时间'！所以，如果你身陷家庭、职业、慈善、运动、活动等各类事务之中，还要和朋友保持联络，更不用提每天的琐事，你怎么能挤出时间？"

"不幸的是，每天不可能多出一个小时。在和许多女性朋友的讨论中，我可以明确看出，'挤出时间'的方法就是贾妮斯最开始所提问题的答案。"

"什么问题？"贾妮斯问。

"你问的那个关键的问题是：'我干吗要投资？'"

现在我这3位朋友完全糊涂了。

"这就是最关键的问题？"莱丝莉一脸困惑地问。

你自身的原因

"因为大多数人认为投资的第一步是学习如何做、如何找个好的房地产经纪人、如何购买股权证、如何寻找上佳的可投资项目。其实这些东西并不难学，只是要花些时间（又是时间！），受些教育。但投资真正的第一步是找到为什么需要或者想要投资？为什么要接受这个挑战？什么能够真正驱使自己花时间和精力成为好的投资人？"

"我想赚到足够的钱，这样就不用每天上班了。"莱丝莉说。

"'赚够钱不上班'能激励你看书,四处奔波,参加研讨会,寻找理财专家并和他们讨论,还有放弃你的休息时间吗?"我问。

"哟,听起来事儿可不少啊,光想想就觉得累。"莱丝莉答道。

"那它就不是你投资的原因,如果它不能激励你,就不能成为你一定要投资的强烈动机。"我解释道。

"那么什么才是能够激发投资兴趣的动机,你能举个例子吗?"帕特问。

我想了想,问她们:"还记得我刚才问你们是否愿意每个星期健身3天的事情吗?"她们都点点头。"你们谁也没有一定要健身的动机。你们说的都是不做的理由,都是在解释自己为什么做不到,对吗?"我问。

她们再次点了点头。

我继续说道:"可是如果你去检查身体,医生说你得了一种罕见的病,如果每星期不能保证做3天运动,你就有生命危险,这样一来你是不是就一定会去健身了呢?"

她们都瞪大了眼睛。

"那我当然肯定去,"贾妮斯说,"健身一下子成了我的头等大事。"

"这就对了!"我兴奋地说,"健身在你的生活中本来并不重要,一旦找到了理由,它就成了重中之重。这就是我说的要找出自己的动机的意思。"

"所以,如果你不找到真正的理由,健身永远都不是最重要的事,你也就永远都不会去做。"帕特说。

"或者即使你勉强开始了,也会很快失去兴趣,坚持不下去。"我补充说,"有多少次,我们觉得某些事情很重要而开始做,最后又放弃了?也许它是个好主意,但我们从未花时间仔细寻找实现它的真正理由。要开始投资,要学的东西太多,所以仅仅说'我想赚更多钱'或者'我想买个出租屋'或'我想提早退休'是不够的。这些都是理由,可一旦你遇到困难,或者感觉已尽了最大努力却看不到成果,想要放弃时,我怀疑这些理由还能不能激励你坚持下去。你自身的动机必须足够坚定,能够支撑你在感到前途无望的时候继续走下去。"

"所以只是告诉自己'我应该投资'或者'谁谁说这主意不错'对我不会有多大激励作用,因为我还没有发掘出投资对自己的真正好处在哪里。"莱丝莉说。

几种理由

"的确如此!我就听到过一个很不错的理由,"我说,"我曾与一个叫彼得的人谈过,他是个单身父亲,有个7岁的儿子,他对我说:'我以前是个工程师,每天早上只能和儿子一起待几分钟,然后他就会被接去上学,我也就去上班了。幸运的话,我每天晚上能在他睡觉之前回到家。我希望财务自由的理由很简单,达到财务自由之后,我就可以每天开车送孩子上学了,就这么简单。我花了4年时间,现在达到目标了。我的投资收益现在已经能够满足我的生活开销。现在我每天都开车接送儿子。我可能是唯一一每天堵在高峰时段的洛杉矶高速公路上还面带微笑的司机。'这就是一个很珍贵的理由。"

"这让我想起我的邻居来了,"莱丝莉说,"我们经常聊天,她经常会跟我聊一些让单身母亲感到困扰的事情。她5岁时父母离异,她由父亲抚养。可她父亲总是不在家,他总是忙着工作,总是不断地更换女朋友。我邻居说在她的成长过程中基本没有得到过什么指导,生活也不安定,她是被一个又一个保姆带大的。所以她希望每天都能疼爱、保护、关心自己的孩子。只要有可能,她就会和孩子们在一起。但她的难题跟大多数女性一样,必须全职工作来赚钱养家,有时晚上还得加班。她就肯定有投资的理由,只是不知道该怎么办。"

"我妹妹是另外一个例子,"帕特说,"她从会认字起,就梦想着环游世界。她如饥似渴地阅读有关外国的书,她的学期论文写的都是不同的外国地方。她收集了很多自己想去的地方的宣传资料和文章,她总是说想在老去之前实现梦想。她肯定对我们今天的话题很感兴趣。"

"理由肯定有许多,我相信每个人都有自己的理由。我们不用再把时间花在这个上。只不过很不幸的是,我们中的许多人,只有在警钟敲响时才被惊醒。"

"你说的'警钟'是什么意思?"贾妮斯问。

"还记得我提到过的牙医朋友吗?她的理由很明显是因为她得了癌症。实际上她有两大警钟,第一显然是她的健康问题,她开始研究癌症,研究可能致癌的原因是什么?如何进行预防?需要改变饮食或工作的习惯吗?突然之间,健康成了她的头等大事。

"她的第二下警钟是关于金钱。她意识到,如果不能继续工作,她就失去了收入。她的积蓄几乎为零。如果不工作,她的生活将难以为继。理财成了她的当务之急。"

"很多人生病后常会遇到这种问题,"贾妮斯补充说,"我们大多数人只有在身体出了问题时,才会把健康当成头等大事。每天早上闹钟响起时,我总会有一番思想斗争:去健身房锻炼还是睡个回笼觉?"

"我有时候也这样。"莱丝莉咕哝了一声。

"我也一样,很多时候都这样。"我说。

"那么,回到头号借口'我没时间',一旦你找到了需要投资,或者开始任何一项新事务的真正理由,借口就不复存在。"

"因为投资成了你生活中的头等大事,"帕特沉吟了一下,总结道,"因为我看得到它对于我的真正意义。"

莱丝莉插话说:"这和我们20年前刚毕业时并没有什么不同。当时我们的头等大事是工作,那是我们的重心,我们乐于接受工作上的挑战!我们在工作上花了大量的时间。和男孩、沙滩、约会相比,工作是我们的第一要务,我们每个人都是这样。但后来,我不再去思考生活中什么是最重要的,而是被动地跟着生活走,我就成了现在这个样子。我刚刚才意识到,我从来没有考虑过什么是我现在生活的重心。"

"很有哲学意味啊。"贾妮斯打趣道,"但说实在的,这个讨论真不赖。我对自己的未来只作了一种选择:创立自己的生意,再把它卖出去。如果成功了，当然很好。可如果出了意外，生意失败了我该怎么办？我想我需要一条退路，我尤其喜欢你说的那种不需要工作、每月就有钱入账的主意。再跟我详细说说，我对此几乎一无所知。我也要开始考虑我的'理由'了，这样我才能投入时间和精力达到你所说的那种财务独立——不用再依靠我现在的生意。真是一个自由的概念！"

"我从中体会到了一点。"帕特也说道，"我几乎从来没有停下来想过我做事的'理由'，我只是因为需要做事而做事。我从来没有坐下来好好想想再说：'这是我的当务之急。'我只是听凭生活的摆布，从不问问自己为什么要这么做。哇，今天的讨论能让我更好地掌握自己的生活呢。"

莱丝莉大声问道："我们的话题怎么变得这么沉重啊？嗨，一开始还是悠闲的午餐，现在我们竟然在讨论改变生活！谁先开始的？"我们都沉默了，然后她又下结论似的说："不管谁先开始的，谢谢，这正是我想听的。"

我们都说要保持联络，也许下一次我们还能叫上玛莎和特蕾西。真是一次美妙的重聚。我们都很高兴，都尽量抽出时间赶来了。我们再次为帕特鼓掌，感谢她组织了这顿午餐。之后我们走到凉爽的室外等出租车。第一辆出租车开过来时，贾妮斯叫道："啊呀，糟了！我应该在半小时前赶去出席开幕式的！我忘了时间了！"她跳上车，说："这次很开心！保持联络！"然后绝尘而去。

我们3个你看看我，我看看你—是的，有些人永远不会改变。

如何找到自己财务独立的理由

找个比较安静没人打扰的地方,让自己静下心来好好想想。不要急,不要慌。你可能很快就会找到自己的理由,也可能需要一点时间。

1. 问问你自己:"我希望财务自由的真正理由是什么?"
想一想:
如果永远不再工作,我想做什么?
如果可以任意支配自己的时间,我想做什么?
如果不用担心金钱,我的生活会有什么不同?
写下想到的每一件事。

2. 再次问自己:"我希望实现财务自由的深层理由是什么?"
更深入地想一想。
写下想到的每一件事。

3. 再次问自己,更深入一些:"我希望实现财务自由,最内在、最衷心的理由是什么?"
写下想到的每一件事。

继续一次又一次地问自己,每次更深入一些,直到得到明确的理由。

第七章　财务独立意味着什么

> 我并不希望（女性）比男性更强大，而是要比她们自己更强大。
>
> ——玛莉·渥斯顿克雷福特[①]

财务独立究竟意味着什么？是否意味着你有一份高薪的工作，可以保证衣食无忧？是否意味着你已积蓄了一大笔钱，足够维持三四十年的生活？是继承了一笔可观的遗产？或者甚至得到离婚赡养费？对许多人来说，财务自由的意思是："我可以工作到65岁，然后退休。"

何谓财务独立，有许多种说法。以下是我使用多年的定义，它让我在37岁那年就成功退休。

首先我要说的是：我强烈推荐各位阅读由我丈夫罗伯特所著的《富爸爸穷爸爸》。书中讲的是他两位"爸爸"的真实故事。他

[①] 18世纪英国著名女作家、哲学家、女权主义运动先驱。她最有影响力的作品是《为女权辩护》。

的"穷爸爸"是他的亲生父亲——一位受过高等教育的博士，现在是夏威夷州的教育厅厅长。罗伯特称他"穷爸爸"，是因为不管他挣多少钱，每到月底总是捉襟见肘。罗伯特的"富爸爸"——就像我告诉朋友们的一样——是他好朋友的父亲。他没读过几年书，却在夏威夷建立了商业帝国。《富爸爸穷爸爸》是一个简单的故事，讲述了两位父亲如何在金钱问题上用不同的方式教育罗伯特和他的好朋友。

我关于金钱、财富和财务自由的概念和观念，几乎都来自罗伯特所说所写的富爸爸的教导。因此，我不想在此转授第三手的富爸爸课程，我建议各位读一下《富爸爸穷爸爸》，书中有获得财务自由所需的坚实理论基础。如果你确实想要认真考虑考虑你的财务未来，就有必要读一读这本书。

我从富爸爸那里发现的最令人诧异的一件事是，富爸爸取得财富的方式，与那些所谓的"理财专家"的论调截然相反。它并不是什么高科技，而且一点也不复杂，只需花点时间，受点教育，了解一些简单的常识。

那么，到底什么是财务独立呢？让我来明确阐述一下我的定义和法则，我就是用这一定义和法则保持并增加财富的。我听过许多人以各种各样的方法定义财务独立，这没有谁对谁错之分。我将简单地解释我在财务自由之路上使用的一些词语和标准。我达到财务独立所使用的法则，就是富爸爸教罗伯特的法则。再说一次，如果你要更详尽地了解，请读一读《富爸爸穷爸爸》。

法则

　　我购买和创建能够产生现金流的资产。我的资产所产生的现金流将用来支付我的生活开销。当我的资产每月所产生的现金流等于或大于我每月的生活开销时，我就实现了财务独立。我在财务上达到了自由，因为我的资产在产生现金流，它在为我工作，我无需再为钱工作。

什么是资产

　　罗伯特的富爸爸有一种化繁为简的方法。他把资产定义为："资产是即使你停止了工作也能往你的口袋里放钱的东西。"就这么简单。如果今天你停止工作，就意味着没了薪水，那你口袋里的钱会从哪儿来？第一次听说这一定义的大部分女人都会回答："没有来源。"这意味着没有工作就没钱。

　　有位女士坚持说："但我的钻石手镯就是资产。"

　　我问她："你准备卖了它吗？"

　　"当然不！"她愤怒地说。

　　"那么它今天将钱放入你的口袋了吗？"

　　"没有。"她的声音低了下去。

　　"很简单，按照富爸爸的定义，这并不是一项资产。直到有一天你卖了它，有钱入账，那样才能认为它是资产。"

　　资产可以是能够带来现金流的出租屋，可以是每年能为你带来现金流的生意，也可以是让你能够得到分红的股票。关键是，你可以定期从这项投资上得到金钱，它产生正现金流。

它的反面是带来负债，按照富爸爸的说法，负债是从你的口袋里掏钱出去的东西。所以，如果你不再工作，你的车每个月将从你的口袋里掏钱出去，你得支付汽车贷款、汽油费和保养费。你的房子每个月也从你的口袋里掏钱，支付抵押贷款、房产税、保险和维修费等。这些都是负现金流。

按照富爸爸的说法，人们遭遇财务问题或者得不到财务成功的原因，是他们将负债误认为是资产。我从富爸爸那里学到的最重要的一课，就是了解了资产和负债的区别。

因此，法则的第一部分是购买或创造资产。按照富爸爸的说法，资产能产生正现金流。

什么是现金流

取得资产时，我会关注两大关键问题。第一个问题也是最重要的一个问题，就是现金流。

让我们来假设，你在某项投资中投入了很多钱，例如投资于股票、房地产或者一家公司。每个月（每季度或每年）你都会从这笔投资中得到收益（或者收到付款）。

如果你购买股票，股票带来的红利，就是一种现金流。

如果投资于一家公司，举例来说：你往朋友的餐厅投资了 2.5 万美元。（我并不建议你将钱投资到朋友的公司——这是题外话。）每月你收到 400 美元的利润分成。这每月的 400 美元就是现金流。

如果投资房地产，举例来说：你首付 2 万美元购买了一套总价为10万美元的两居室作为出租屋。每月收到的房租,在支付了物业费、月供贷款之后,还剩下300美元,你的净收益就是300美元。这300美元就是你的现金流,它会不断流入你的口袋。

如果不是为了现金流,还有什么可以投资

大多数人投资的目的是——现金流或者资本利得。

资本利得

资本利得是一次性的收益。现金流是持续性的收益。例如,你以10万美元买下一套房子,以13万美元售出。在向房产中介支付了佣金和所有的手续费后,你的净利润是2万美元。这2万美元就是你的资本利得。

如果你以每股20美元买入一只股票,并以每股25美元售出,则所赚利润也是资本利得。为了得到资本利得,你必须出售你的投资项目或资产。为获得更多的资本利得或利润,你必须继续买卖投资项目或资产。

而只要你拥有资产(并管理得当),那么现金流就会持续流入。一旦你出售了该资产,那么现金流就结束了。如果你出售了投资项目,那么出售所得的利润属于资本利得。

如何计算现金流

股票红利和投资于公司(假定你只是公司的出资人,并不实际经营公司)的现金流计算非常直接。你买进的股票分得的红利就是你的现金流,这里的现金流计算起来没什么难度。但对于所有的现金流，有另一个重要的计算公式，我们稍后将再次提到。

纯粹商业投资的现金流也这样计算。你投入一笔钱，每月或每季度就会从你投资的公司那里收到一张支票。你所收到的现金流，一般来自该公司的赢利。

听来没什么奇怪的，这跟储蓄的道理是一样的。储蓄的利息也是一种现金流。问题是，现在的储蓄利率仅为1%～2%，这意味着你的现金流几乎为零。作为一名投资人，你希望你的钱为你努力工作。只有一到两个百分点的回报，那你的钱也太懒了。

投资房地产，不管是单套公寓房、公寓楼、写字楼还是商业中心，计算方法都一样，公式是：

租金收入－开支－按揭款项（贷款）＝现金流

这一公式的关键，是要让你的现金流呈正流动，而不是负流动。

为什么现金流对财务独立如此重要

对我来说，财务独立的意义只有一个：自由。

我可以自由地做自己想做的事，无论是悠闲地享受生活还是开创新的事业；我可以自由地选择和哪些人交往；我可以自由地制定自己的计划，我的时间真正属于我自己。

自由意味着我有更多的选择。如果你可以在飞机的经济舱和头等舱之间选择，你会选哪个？大多数人没有选择的余地，他们只负担得起经济舱。如果可以在廉价的墨西哥玉米卷小摊和五星级豪华餐厅之间选择，你会选哪个？这取决于你当时的心情。（我可能会选小摊。）关键是，财务自由以后，你有了选择的机会。对于许多人来说，他们除了在廉价的小摊上吃一顿之外，别无选择。

那么，现金流和这一切又有什么关系呢？只要我还需要工作，我就不自由。（我可能选择去工作，但这和我必须工作不一样。）如果我每天必须做事赚钱维持生活，那么我就不自由。

我喜欢正现金流的原因是，不管我是否工作，每个月都能有钱进入我的口袋。我的公寓楼每个月往我的口袋里放钱；我的写字楼每个月准时为我送来丰厚的回报。罗伯特每个月都能收到书的版税，他无需再工作。他每次写完一本书后，如果他的书很有价值，读者就会相互推荐，然后他就会有现金流入。这样不管他是否工作，都有钱入账。

我的首要目标是让流入的现金流大于支出的生活开销。我要买入和创建可以让我无需为其工作就产生现金流的东西。我们称之为资产。

我要资产为我工作，而不是我为金钱工作。

因此，资本利得对我来说是次要收益，而不是主要任务。因为要获得资本利得，我就得出售资产。而这笔钱迟早会用完——生活开销就足以使其耗尽，然后我又得去找另一项投资，买下它之后再出售，再次花完，如此循环往复，我永远不能真正达到自由。

也许有人会说："我存了足够的钱，以后就可以靠它生活。"这很好，但请想一想：你要存够你这辈子花的钱，得工作多久？你退休时的存款利率又会是多少？你会不会因为担心钱不够花而变得斤斤计较？为了能让这笔存款多花一段时间，你的生活水平是否会下降？许多问题都需要考虑……

对于罗伯特和我来说，我们只有一个目标：购买和创建可以支付我们每月开销的现金流的资产。1994年，我们做到了，"光荣退休"！

这其中的美妙之处在于，财务自由之路无需你投入大笔金钱。1994年，罗伯特和我每个月从投资中获得的收益是1万美元，而当时我们每月的开销是3000美元。每月流入的钱远高于我们的生活支出。

当然我们并不打算就此止步，我们继续买入和创建资产。随着我们的现金流的增长，我们的生活开销也相应提高，我们的生活质量从而得到了提升。

分析资产时，应重点考虑的第二个问题是什么

我在前面提到过，在寻找潜在的投资时，有两个关键的问题需要考虑。第一个是现金流，第二个与现金流密不可分的关键问题，就是投资收益率，或者称为投资利润率。

什么是投资收益率

投资收益率，顾名思义就是投资所带来的利润率，它评估的是你所投入的金钱为你带来的回报。换句话说，就是你所投入的钱为你工作得有多卖力。

按照不同的衡量标准，投资收益率的计算方法也有所不同。

我把我自己使用的投资收益率的计算方法称为现金的现金回报率。我只关心一件事，那就是流入我口袋的现金有多少。

有些计算投资收益率的公式还考虑了折旧，有一些还假设你所得到的现金流会立即用于再投资。这些公式都是正确的，这取决于你所要衡量的标准。对于我来说，我希望简单点，我只关心现金流。

如何计算现金的现金回报率

计算方法非常简单，以百分比来表示，通常取年度数据进行计算，公式为：

$$\frac{年度现金流}{所投资的现金量}=现金的现金回报率$$

例如，我买下一套出租屋，价格为10万美元，首付为20%，即2万美元。它每个月为我带来200美元的正现金流，每年2400美元。这2400美元除以2万美元（我投资该房产的钱）等于12%的现金的现金回报率。

我们来看看股票投资。你买下2500美元的股票，每年分红100美元，这100美元除以2500美元等于4%的现金的现金回报率。

我们再来看看目前的储蓄，储蓄的利率约为2%，反过来推算一下，如果你把1000美元储蓄起来，那么每年你将从银行得到20美元收益。

公式很简单，我投入了多少现金，我又从这项投资中得到了多少现金。

之所以要关注现金流，是因为你希望你的钱为你努力工作，这样你就无需为钱而努力工作了。现金的现金回报率的作用就是专门衡量你的钱为你工作的卖力程度，并比较你各项投资的表现。如果你只得到2%的收益率，那么显然它工作得一点也不努力；如果有50%的投资收益率，则说明它干得相当不错。

继续往下看

我所遵循的财务自由之路并不是什么高科技，这些公式其实都非常简单。但操作起来并没有那么容易，你需要花些时间进行学习，不要想着朝夕之间就能一蹴而就。但我向你保证，当你开始看到有现金流入账时，这个游戏就开始变得好玩起来。你的努力不会白费。

那么，既然公式这么简单，还有什么能让女人们举步不前，迟迟不采取行动掌管自己的财务生活呢？

我们已经指出了女人们不想做某件事时的头号借口，她们说，并且真的这么认为："我没时间。"而我相信，只要这件事对你足够重要，你就一定能挤出时间来做。

我们并不是没有时间，而是将时间用在了其他事情上，大多数人每天没有一刻清闲。我们应该明白，对自己说"我没时间"，是因为你没有将这件事看成重要的事——你还没有找到你的真正动机。但我以我的亲身经历告诉你，一旦女人将财务独立当成一件要务来执行，没有什么能阻止她们。越来越多的女人已经开始这么做了。

那么，还有什么能令我们女人踌躇不前呢？我所接触到的成千上万的女人，第二个最常用的借口不仅糊涂，而且简直是愚蠢，这个借口不仅毫无道理，而且还荒谬至极。我们女人最常使用的第二号借口是——

第八章 "我不够聪明!"

> 我认为,对女性来说最关键的是不要给自己设限。
> ——玛蒂娜·纳芙拉蒂诺娃[①]

纽约聚餐一个星期之后,我正开车去参加一个会议,这时,手机响了。

"嗨,金,我是莱丝莉,有空吗?"

"当然。"

"上次聚餐聊天之后,我想了很多,关于投资和财务独立,听起来都很不错,似乎都是我想要的,但我总是一次又一次地卡在相同的问题上。"

"什么问题?"我问她。

莱丝莉说:"我的生活中只有艺术,只有色彩、线条、风格、技巧。我的脑袋里成天装的就是这些,我对方法和分析完全不在

[①]生于捷克,美国前女子网球单打世界冠军,被誉为20世纪仅次于斯蒂芬·格拉芙的女单网球选手。

行。只要碰到数字和数学问题,我就全迷糊了。在投资方面,我真觉得自己不够聪明。每次当我开始考虑投资时,我几乎马上就变成了睁眼瞎。我去买了《华尔街日报》回来,但看它就像看天书一样!我想也许有些人在这方面是有天分的,但我没有。"

显然,莱丝莉很灰心,所以我不敢大意,轻声问她:"我先问问你,你想开始投资的理由是什么?"

莱丝莉回答说:"我的理由很明确呀,我要画画,对艺术充满激情。可问题是我还得挣钱养家,不得不在美术馆辛苦上班,可这样一来我就没时间再画画了。我渴望重拾画笔,我想找个独特的美丽的地方,整天画画。最理想的是去欧洲,在那里拜名师学画,上那些最好的艺术课程。如果我的生命只剩一天,我也要画画。是的,这就是我的理由。"

"祝贺你,你开始上路了。"我向她宣布。

"上什么路?"她仍有点困惑地问。

"致富或者说财务自由之路。但这并不是一夜之间就能完成的,不管我们学什么新东西,总得有一个过程。这个过程可能很艰难,特别是在刚开始的时候,因为我们进入的是一个全新的领域。"

"我猜就跟我刚学车那会儿一样,"她说,"开始我觉得自己像个白痴,不是狠踩油门,就是急刹车,脑袋差点撞上挡风玻璃。第一次上路时,我还差点撞车了。"

"我说的就是这个意思,现在你已经不需要再时时刻刻警惕着油门、刹车和方向盘了吧,你已经习惯成自然了。刚开始学的时候很难，到现在就成了本能反应了。"我安慰她。

"我知道这是一个过程，有许多东西要学，"她继续说道，"但我不知道我的脑子是不是够用，能不能继续学下去。投资似乎真的是男人的游戏，也许他们在数字方面的天赋比我要好。我不知道自己能不能参与这个男人的游戏。"

"首先，你说得对，男人是对数字很敏感，但确切地说，他们只对38、24、36之类的数字在行……"

莱丝莉笑了。

"好了，不开玩笑了，为什么你觉得这是男人的游戏？"

莱丝莉回答说："嗯，我很少在新闻中看到或听到什么女性投资人。成功的投资人似乎都是男性。就我个人来说，我还没听说过成功投资的女性榜样。所以我觉得男人在投资方面比女人更在行。"

"那我再问你一个问题吧，"我平静地说，"在选举方面，难道是因为男人比女人更在行，所以过去只允许男人投票？难道是因为男人比女人更会学习，所以过去只允许男人上大学？难道是因为男人比女人更善于审讯和分析证据，所以过去只允许男人当陪审员？"

"当然不是！"莱丝莉叫道。

"要明白，善于做某件事和长期做某件事有很大的不同。"我强调说。

"如果你觉得自己在投资方面不够聪明，只要理解3件事，我保证你的担心就会烟消云散。我就是这样过来的。"

"好，我洗耳恭听，哪3件事？"她问。

我们继续煲电话粥，下面就是我所说的那3件事。

我们女性所接受的教育

第一件事：教育

让我们来面对现实吧，在理财方面，女人能够获得的知识确实不多。实际上，许多知识还是过时而琐碎的——如何平衡支票簿，如何购买汽车保险，如何缩减开支，如何在杂货店里斤斤计较。老实说，我觉得我们做这些有点大材小用。

是的，你必须保持良好的财务状况；是的，你绝对需要了解这些基础知识，这非常重要。但我认为，今天仅仅会做这些远远不够。这只是个开始，是你奠定的基础，一旦你理解了这些基础知识，就可以开始为获得自己的财务目标而积极行动了。

如果我听到某位男士一再兴高采烈地声称："我老婆为我们家理财。"我会尖叫起来的——十有八九她不是在理财，只是付付账单，平平支票簿，仅此而已。只要进一步了解，你就会发现，她将所有的投资决定和大部分的购买决定都推给了丈夫。由丈夫来决定买卖股票、交易房产，以及大部分的主要财务活动。

所以，如果她的丈夫不幸去世，她得独自处理财务问题时，她常常会不知所措。让人警醒的事实是，有80%生活在贫困中的女人在丈夫在世时并不贫困。记住，90%的女人一生中的某个时期都必须单独为自己的财务问题负责。所以，丈夫去世以后，如果她没有理财经验，或未受过这方面教育，她要么只能作出错误的决定，要么只能指望着"帮助先生"——财务规划师、股票经纪人、房地产经纪人、房产规划师等——来救她。"我会照顾你的，""帮助先生"会这么说，"我来帮你管钱，我来为你设定完美的投资组合，你完全不用操心。"好吧，宝贝，如果连你自己都不操心自己的钱，你还能指望别人来为你操心吗？

住在圣路易斯市的道恩的情况就让人觉得很可怕，她写道：

> 我58岁，丈夫因意外去世。我不知道我们有多少钱、钱都放在哪里。平时都是他在管钱，我从来不用为钱操心，他也以此为荣，我们从不谈论钱的事情。
>
> 现在他走了，我就像个1岁小孩，想站起来走路，却总是不断跌倒。这些年来我对钱一无所知。在我丈夫的葬礼之前，我不得不向女友求助："葬礼的钱该怎么付？"我完全不知所措。

所以，如果你当真想自己来理财，不想步道恩的后尘，那么你起码要花些时间，学习一下，从错误中吸取一点教训。这是一个过程，不可能在朝夕之间完成。但千万不要认为男人比你懂得更多，这是最大的错误。不要因为某些人自称"理财专家"，就认定他们能很好地为你打理钱财。如果你认为"他们都懂得比我多"，就会成为"帮助先生"们的猎物，永远都掌控不了自己的钱财。

第一步就是开始学习。要学习什么呢？外界的信息那么多，你该从何处着手？

每个人的起点都不尽相同。你可以从不同类型的投资学起；也可能发现自己对某种类型的投资更感兴趣。对我来说，我的起点就是投资房地产；我的一位会计师女友是从股票认购权开始的，一位企业家朋友是从投资公司开始的。通过学习，你将找到最适合你的投资类型。

下面列出一些能帮助你学习的方法：

● 读书

有关金钱和投资的书数不胜数，不管是"投资菜鸟"还是经验丰富的老手都能找到合适的书。本书最后附有一个推荐阅读的书目列表。

● 听磁带和CD

在车里放上磁带和CD，开车时听听。也可以经常利用乘车时间、上下班路上的时间听。磁带和CD的主题从金钱管理到个人投资无所不包。无论做任何事，你的态度和想法都是成败的关键。就像亨利·福特说的那样："你觉得自己能做成某事，或不能做成某事，你都是对的。"我在书目中同样列出了一些CD推荐给你。

● 参加教育研讨会、专题讨论会和谈判会

这些会议有些可能是免费项目，有些可能收费。许多社区大学、企业、社区团体以及本地的投资集团都会经常举办关于投资的座谈会。有些还是特别面向女性举办的。

● 阅读财经报纸和杂志

《华尔街日报》《投资者商业日报》和《巴伦周刊》这3份报纸的投资信息丰富。即使你不能理解所有的专业术语，只要坚持读下去，你的知识也会显著增加。《华尔街日报》出版过一本极好的书，名为《金钱和投资指南》，这本书将教会你如何阅读和理解《华尔街日报》。

● 订阅本地商业报刊

这有助于你了解本地的财经信息，其中许多文章都与本地的各种投资决策有关，它将使你很快熟悉各种投资决策。

● 与房地产经纪人、股票经纪人和其他经纪人交谈

多向他们提问，他们会给你大量信息。要知道，大部分经纪人想的都是尽量向你推销他们的服务，所以你要保持清醒。我发现，大多数成功的经纪人，都是那些非常乐意与别人分享信息和知识的人。

3点小提示：

第一，坏经纪人和好经纪人一样多，甚至可能更多。多方了解情况，找一位声誉良好、知识丰富的经纪人。

第二，特别是在房地产方面，一定要找一位投资型经纪人，而不是住宅型经纪人，住宅型经纪人只想把房子卖给你住。两种经纪人的想法是不一样的。

第三，尽可能与本身就是投资人的经纪人合作。许多经纪人仅仅是销售员，而不是投资人。如果经纪人本身就是投资人，那他会比其他经纪人更理解你的需求。

- 与其他投资人交谈

找一些在投资方面与你志同道合的朋友，和他们交流交流。你将再次发现，许多投资人都乐意与你分享他们的知识。

- 参加女性投资俱乐部

肯·扬克在《投资有道》中说，在现在的股票投资俱乐部中，女性成员已经占到了大多数。"1960年，投资俱乐部成员中的90%都是男性，女性仅占10%。而现在，60%以上都是女性。"我个人比较推崇主要致力于投资教育的俱乐部，而不太认同那种会员集资进行某项投资的俱乐部。我看过许多由于共同投资的规则模糊而导致朋友反目成仇的事例。你可以在本地报刊杂志上找到一些女性投资俱乐部，也可以上网搜索本地的女性俱乐部，还可以去参加本地女实业家交流会，询问投资俱乐部的情况。

- 创立你自己的女性投资俱乐部

将你的标准定得高一些，只接受那些认真对待自己财务前途的女性，你们可以相互支持相互鼓励，从而达到目标。

你会在投资俱乐部里做些什么？

你可能需要从组织阅读讨论的学习小组起步，或者选择视听资料开始一起学习。

邀请成功的投资人、知名的经纪人（来传授知识，而非推销产品）、房地产投资经理、销售专家（懂得一些销售技巧对任何事情都有帮助）来做演讲。邀请任何能丰富你的投资知识的人。

学习如何分析什么是有潜力的投资项目，在小组中引入具体的房地产买卖、股票交易和商业投资等案例，进行分析和共同学习。刚刚开始时，可以找一位经验丰富的投资人或相关专业人士，让他为你们讲解分析这些投资的基本技巧。你看的投资案例越多，判断投资项目好坏的能力就越强。

● 参加当地的现金流俱乐部

全世界约有2000个现金流俱乐部，你可以在网上找一家离你最近的。每家现金流俱乐部并不相同。但大多数都会定期玩现金流游戏，互相支持以实现投资目标，邀请演讲嘉宾，最重要的是，一同学习如何打造最美好的财务前途。

● 使用因特网

上网查找你所选择的投资项目的资料。网上有大量可供参考的材料、会议、联系人，还有各种设有聊天室和论坛的投资网站。

● 开着车在城里转转

感觉一下自己周围的房地产和商业环境。人们常认为要找一个"最有利"的城市或市场进行投资，但实际上，你家附近也许就能找到好机会。对投资项目越熟悉，你成功的可能性就更大。离你只有两个街区的市场，当然比3000千米以外的市场更容易掌握。

● 收看电视台的财经新闻节目

你也许不能完全看懂，但肯定可以学到很多。你可以听到投资领域里常用的一些词汇。听得越多，对投资的了解也就越深。

● 订阅财经时事通讯

财经通讯能够让你迅速了解不同投资市场的情况、各地区和全球的经济趋势，以及对未来的展望。我在附录中介绍术语时也提到了一些比较好的财经时事通讯。

● 多问、多问、多问

记住，这是我们女人的优势所在，既然我们对投资知之甚少，就别不懂装懂。问得越多，你就会变得越聪明。

另外，在这个过程中你也可以找到新的导师。

顺便说一句，学无止境，只要你还想在投资上有所长进，还想不断扩大你的资产，就总有新东西可学。就我自己的情况来说，随着市场的变化和我的投资额的增长，我就必须不断更新和扩充自己的财务知识。

第二件事：过程和结果

我常常提醒自己说，投资是一个过程，没什么秘诀可言。世上没有一夜致富的灵药可吃，你也不可能一觉醒来就成了富翁。也许有人这样向你保证过，但我的确没见过谁能做到长盛不衰。

这跟减肥有异曲同工之妙。如果你想减肥，保持完美的身材，那这一定是个漫长的过程。你得经常锻炼，改变饮食习惯，并坚持一段时间，效果才会显现，不可能一夜之间发生——除非你做了吸脂手术。即使如此，你仍然需要调整你的生活方式，以保持减肥效果。

在成为投资人的过程中，我们要不断学习，不断获取亲身经验；我们也会不断犯错，不断从错误中吸取教训，积累更多的经验。在这个过程中，我们的知识、信心和能力都在增长，银行账户当然也一样。问题的关键是，我们经历的这个过程，其实比那个最终的目标本身更为重要。因为我们在这个过程中学到的、经历的，以及我们所犯的错误，使自己有了提高，这才是真正的价值所在。就像一句谚语说的那样：

受益就在征途中。

1985年，我和罗伯特经历了"地狱之年"，毫无疑问这是我们一生中最黑暗的时期。诸事不顺，我的自尊心被击得粉碎，我内心对自己总是抱着一种否定态度："你做不到。""你要失败了。""你什么也不懂。""你不可救药。"多少个夜晚我躺在床上想，如果不用醒来那该多好。那段日子是我一生中的最低谷。

现在，事隔多年之后再回首那段时光，我才意识到，我和罗伯特就是在那段时间走过了我们的"征途"。坦白地说，那是一段痛苦的日子。然而，这个过程让我们绝处逢生，对我们两人来说，这也许是最好的事了。当我身处其中时，我不确定我们能不能走出来。但通过共同的努力，我们一起完成了这段征途，到达了成功的彼岸。这段经历对塑造我们性格所起的作用，好得令人难以置信。最后的结果是，这段极其困难的日子，使我们两人更坚强、更聪明，而且作为夫妻，相互之间更忠诚。这个过程对于我和罗伯特是无价的。这就是我们从这段征途中所获得的回报。

在你的过程中，不可避免地也会犯些错误，有时甚至是大错误，你会面临挑战，会有担心。有时，你必须在看不清结果的时候作出决策。而这正是考验我们的时候。如果逃避挑战，我们就不会成长，也学不到东西。如果我们接受挑战，不管成败如何，我们都会成长，提升自己的能力。这种知识和情感也是一种资本，而且它们的收益是无限的。

第九章　怎样才能迅速聪明起来

如果生命可以重来，我愿犯相同的错误，只是犯错误的时间要更早些。

——塔卢拉赫·班克黑德①

莱丝莉恍然大悟："原来不是我不聪明，而是我从来没有学过这些。从来没人教我从这个角度来想问题。这和学骑马没什么不同，都得从头开始一步一步来。"

"正是如此。"

"但我还得告诉你，"莱丝莉坦白地说，"我看了好几次财经新闻，却对他们用的术语和词汇感到一头雾水，我完全被弄糊涂了。他们说的话大半我都听不懂，很难看下去。"

第三件事：专业术语

"你遇到的问题跟大多数人的一样，"我答道，"这正是我要说

---

①美国女演员，脱口秀主持人，活跃于好莱坞和百老汇。

的第三个问题——专业术语,在金钱和投资方面,有很多专业术语。"

我继续说道:"我觉得,投资方面之所以会出现这么多让人一头雾水的词汇,与一些专家、'半调子'专家、所谓的'专家'但其实根本谈不上专家的人的滥用有关。有时候我觉得那些人是故意用这些专业用语来迷惑我们,要不就是为了让他们自己听上去更高明,要不就是忽悠我们买什么东西。而我们往往不愿承认自己对他们所谈的东西一无所知。我自己也是这样。和别人交谈时,如果他们说了一串我不明白的词,我通常都不好意思问他们说的是什么,反而喜欢不懂装懂,因为我不想让自己显得很笨。而这正中他们的下怀。"

"说出来真难为情,两个月前我就干过这样的蠢事。"莱丝莉笑着说,"那天我去一家意大利餐厅参加开张典礼,那家餐厅是我们画廊的一位客户开的。席间有些人谈起了股票,他们都兴奋地讨论着一家刚上市的新公司,说有内幕消息,这家公司将成为下一个微软。然后,那些专业术语就从他们嘴里接二连三地蹦了出来,那些千奇百怪的词在我听来就像希腊语。我记得的只有'价格/开支比',还有'内思台克市场股票交易'什么的。听起来他们个个知识渊博,而且看起来都神情激动。虽然我听不懂他们在说什么,但我还是因此相信自己掌握了一些别人不知道的内幕信息。第二天,我就买了这家公司的一些股票。那是两个月前,而现在股价就已经下跌了一半,听说这家公司的前景并不怎么光明。"

我笑了起来:"你听到的那些术语可能是价格/收益比,指的是公司去年的收益与其股价之比,还有纳斯达克交易所,就是那个完全使用电子交易的市场,没有实体交易厅。"

"但是不用觉得买到黑马股有什么不好,我们都相信童话故事,"我安慰她,"实话跟你说吧,我不仅相信童话故事,还幻想过自己买了会下金蛋的鹅呢。我投资过私募基金,当时我听信了他们那些天花乱坠的承诺。我兴奋极了,以为自己找到了秘密公式,得到了圣杯。因为我不理解他们使用的词汇,不知道怎么去证实他们说得对还是错。听起来他们对所谈的东西胜券在握。所以我全仓买入。后来我才知道,这家公司正在接受调查,老板被关进了监狱。即使种种不利迹象逐渐浮出水面,我仍一相情愿地认为这些头条新闻都是谎言,之前的承诺最终会变成现实。结果当然这些新闻才是真的,我投资的钱打了水漂。错就错在我不懂他们的语言,怕麻烦不去学,因为我相信童话会变成现实。"

莱丝莉重重地叹了口气:"真为你的损失难过……但这的确让我好过了一些,没有人能永远不出错。而且,并不是只有我一个人对财经术语一头雾水,这也让我好受许多。"

"还有一个故事,"我告诉她,"一天上午,罗伯特在纽约一个全国性的财经新闻电视节目中接受采访。记者不断地使用各种术语,什么'衍生工具、价格/收益比、阻力位'等。罗伯特不得不打断他说:'我喜欢使用简单好懂的语言。'然后用日常用语继续做完了这期节目。当我们出来的时候,一个年轻人走了上来,他29岁左右,穿着考究。他自我介绍说在华尔街工作,然后他握着罗伯特的手说：'我刚看了你的节目，谢谢你说得如此通俗易懂。'我想，这话出自一位业内人士之口，是很高的评价了。"

"嗬！我可大大松了一口气。"莱丝莉说，"我想，许多女人都觉得自己不够聪明，不敢去投资，是因为她们都像我一样，认为自己是唯一什么都不懂的人。我现在明白了，这是一个学习的过程，只要边干边学就行。"

最后她说："谢谢你花这么多时间跟我说这个！让我茅塞顿开。你下次什么时候来纽约？"

"大约两个月后。"我说。

"有时间的话，我们聚聚吧，我请你吃饭！"

怎么知道自己不懂

我有一位对人类学习有着多年研究的朋友，她教了我一个有用的学习工具。她问我："你有没有发现自己一遍又一遍地重读相同的一段话？"

"是的，我经常这样，为什么？"我问。她的研究发现，人们如果在看书时碰到了不理解的词，就不会再关注他们正在阅读的内容了，并且几乎都不知不觉地回头重读那个句子或那段话。碰到了不认识的词，人们对整篇文章的理解力就会下降。我问我朋友："你是如何克服的呢？"

"很简单。"她说，"只要查查字典，了解了这个词的意思，再继续读下去就行了。你对文章的理解力会大大提高。"

所以，现在我尽量在手边放一本字典，遇到不懂的词就查一下。一旦我需要重读某一段时，就表示我在其中碰到不懂的词了。

在投资的世界里，到处都是术语。一句话里就可能有4个词是我不明白的。有时我想跳过去算了，假装它们并不重要。但有时我也会强迫自己拿起字典查一查。不只是读一下定义，还要明白它的含义。有时我会回想一下，中学时老师是怎么教我们用这个词的。这很管用！刚开始的时候可能比较费劲，但这能很好地帮助理解，我的词汇量每天都在增加。

本书最后附上了一个术语表，其中列出了一些常用的财经和投资术语。当然无法面面俱到，所以我还列出了一些不错的投资和财经类参考书，以后遇到专业术语时，有助于你更好地理解。

更好理解，更有效果

几年前，我曾与一位投资型房地产经纪人谈到一幢24个单元的公寓楼。一开始他满口行话："贷款价格比是80%，资本化率9%，内部收益率19%。"（书后列出了这些术语。）如此这般说了很多……我打断他问："资本化率到底是什么意思？"他回答说："资本化率越高，说明这笔生意越好。"

"但你是怎么确定资本化率的？用什么公式？它是用来衡量什么的？"

他只是茫然地看着我，说："这并不重要，重要的是这是笔好买卖。"实际上，他对自己所说的东西也一无所知，他只是使用这些词,并不理解它们的含义。由此你可以得知:这位经纪人不仅对他自己所说的术语一窍不通,而且他报出的这幢公寓的数据也是一派胡言。这可成不了一笔好买卖。

3条简单规则

遇到术语时,我总结出来的3条规则是:

每天增加自己的词汇量

碰到不懂的词时,不要害怕,更重要的是,不要懒惰。如果在交谈中听到不熟悉的词,就问问对方是什么意思,或者将它写下来,以后再查字典。如果在阅读或看电视时遇到术语,就查一下字典。

多问

保持好奇心,即使你在某方面有所了解也要多问,你总能学到更多。你向专家或"半调子"专家请教时,会发生两种情况:

- 你将与其产生共鸣,因为你对你们的话题真正感兴趣。
- 你将学到更多知识。

尽可能装傻

不要怕说"我不懂",最妨碍你学习的是不懂装懂——明明对所谈内容并不熟悉,却偏偏装出一副很在行的样子。害怕自己看起来笨，只会让你真的变笨。我的确认为，我们现代女性有一个优势，即大多数女人在金钱、财经、投资上没受过多少教育，所以我们不用害怕说"我不懂"。别人也不指望我们会懂。我们不用害怕向别人提问，不用害怕承认自己不知道答案，即使我们看上去像女超人。

不要让行话和那些可怕的让人头晕的词妨碍你，它们只是词而已，每个词都能在字典中查到含义。不要被吓倒，每听到一个新词你都应该感到高兴，因为多学一个词，你就更聪明了一点，你就向优秀投资人又迈进了一步。

第十章 "我害怕投资!"

每当你克服内心的害怕,毫无惧色地面对一切,你就获得了力量、勇气和信心。你必须去尝试那些你认为自己做不到的事情。

——埃莉诺·罗斯福①

我们来谈谈恐惧

有一个事实我们无法忽略——很多女人一说到投资就感到害怕。我常常听她们提到这样的问题,特别是刚开始投资时:"如何克服我的恐惧?"当你买下第一套出租屋时,当你第一次投资生意时,或者当你将辛苦挣来的钱用来进行任何一项投资时,你是不是觉得只有你自己才会怕得要死?请记住,并不是只有你一个人会害怕。

---

①全名为安娜·埃莉诺·罗斯福,美国第32任总统富兰克林·罗斯福的夫人,也是著名的人道主义者和外交家。

恐惧的正反两面

恐惧的好处是什么

恐惧也有它的好处，恐惧让我们对可能发生的危险情况提高警惕。半夜听到奇怪的响动时，你可能会害怕，担心是不是有人闯进了你家，你会立即采取任何必要的防范措施。晚上你一个人穿过没有路灯的公园时会感到恐惧，所以你会很快地找到安全的路离开。如果你在能见度几乎为零的暴风雪中开车，恐惧会让你把车停在路边，等风雪小一些了再走。显然，恐惧也有着积极的一面。

恐惧也有它充满破坏性的一面，恐惧让我们对各种危险保持警惕的同时，也是一个善于扼杀梦想与机会，阻碍我们自己的成长和激情的杀手，它让我们的生命无法得到最大程度的充实。

当我们进入一个全新的未知领域时，心里有一点恐惧可能是件好事。一点点的恐惧感可以激励我们更深入地研究那些出租屋的数据，或收看跟我们买到手中的股票相关的行业的特别报道。一点点的恐惧可以让我们保持警惕，有时可以让我们免于犯下大错。这是恐惧带给我们的好处。

恐惧的坏处是让我们举步维艰——我们吓得动也不敢动。我们甚至不假思索就对机会说"不"。我们所看到的都是事情对我们不利的一面，我们可以列举许多投资的不利因素和风险，强调进行这项投资是如何如何不明智。我们心中害怕犯错、害怕亏钱的恐惧，以及害怕对自己失望的恐惧占了上风。

为什么我们要让恐惧牵着鼻子走？主要有两个原因：

"我会死掉的！"

头脑的功能之一，是通过恐惧让我们警惕那些威胁生命的危险。但是，我们的头脑总会将没有生命威胁的情况夸张为有。下面就是这样一个思考过程：

> 投资就是冒险！我会亏钱！如果付不起账单该怎么办？如果没法还按揭贷款又该怎么办？！银行会把我的房子收回！那样我就无家可归了！我要流浪街头了。哦，天哪，我会死掉的！

看看！就是这种想法。我们的头脑就爱玩这种游戏。投资真的会让你死掉吗？当然不会，但正是这些不自觉、无意识的反应，有时却主宰着我们的生活。

当你面对新的、不熟悉的投资机会时，如果感到了这种让你裹足不前的恐惧，首先告诉自己，这并不会威胁到生命，这并不是生死抉择。第二，理性地思考一下其中的利弊，好处是什么？坏处是什么？如何减少坏处？换句话说，就是将你不够理性的、条件反射式的想法赶走。

恐惧是逃避的借口

我们甘愿让恐惧占上风的第二个更明显的原因就是，恐惧袭来时，逃避显然就变得更容易。我们在面对未知的、会对我们造成挑战或压力的事情时会感到不舒服。这种情况下，我们最容易做的事就是什么都不去做。

比如，你在大庭广众之下演讲过吗？专家说，人类最害怕的事情就是当众发言，如果你害怕它，那么你最容易做的就是不要经历这种恐惧，即干脆别去发言。

直面恐惧，确实很难做到。写发言稿、进行练习、参加演讲课程，再更多地练习，最终才能走上演讲台。经历了这个过程，你就长大了；如果选择逃避，你的胆量只会越来越小。

你现在能不能想起某件事，如果你去做，虽然会很害怕，会感到不舒服，但只要经历之后，人生就会更美好、更圆满？（也许就是买下第一项或下一项投资。）这种时候，恐惧可以推动你前进，也可以成为你什么也不做的借口。你必须作出选择，是接受恐惧、直面它，还是选择逃避、原地不动，实际上，我们不可能原地不动，如果不能前进，就只能往后退。世界的变化如此之快，我们的选择如果不是使生活更广阔，结果就必然是使生活更狭窄。我不认为有中间道路。

恐惧是一种资产

恐惧也可以变成我们最大的资产。每一次恐惧袭来，你知道它并不会危及生命，这就意味着你有了成长和发展自己的机会。正是在这种激烈的过程中，我们成长得最快。经历过后，令人感觉振奋，如同脱胎换骨！

应该这么想想：我们在恐惧中成长。不要害怕，直面恐惧，如果你选择勇敢地驾驭它，你会发现自己进入了成长的下一个阶段。

爱默生有句名言改变了我的一生：

每天不克服一点恐惧，就体会不到生活的秘密。

两种痛苦

年华渐老的人说过的最令我伤心的话就是："如果我曾经_____（填空吧）""真希望我那时_____（填空吧）"他们知道他们可以得到更多，但常常是由于恐惧，他们退缩了。这种恐惧往往是害怕失败，害怕不能找到更好的，害怕失去什么，或者害怕丢脸。无论如何，只要恐惧占了上风，就失去了更激情、更快乐、更充实的机会。我曾听励志演说家安东尼·鲁滨逊在一次演讲中说到："痛苦分两种，一种是失败的痛苦，另一种是后悔的痛苦。"

我宁愿选择失败的痛苦。对我来说，后悔的痛苦是最大的惩罚。它意味着我懦弱过，我放弃过。我知道退缩也是一种选择，只不过是选择了做懦夫，而不是勇往直前。

没有人在任何时候让我停下脚步，但那些令我却步的时刻我都记得一清二楚。每当回忆这些时刻，后悔的痛苦最让人绝望。

有些女人后悔自己放弃了事业；有些则在后悔自己一心扑在事业上而忽略了家庭。而女人最常后悔的是贪图"安逸"和"舒适",维持着不如意的婚姻关系。

我希望有一种后悔我们大家永远都不要去体验,那就是忽视我们自己的经济利益,任凭别人代我们作出决定。

毫无疑问,大胆改变生活是需要勇气的,面对未知事物也需要勇气。但令人高兴的是,只要我们选择勇气,而不是胆怯,我们就赢了——因为只要我们生活得更充实,就不会留下遗憾。

勇敢时刻

我肯定大家都能回想起小时候曾经面对过或见过的勇敢的一幕。有一天,我看到一个 7 岁的孩子,她唤醒了我的记忆。

那个孩子当时正准备从跳台上跳下游泳池,那是她的第一次尝试。我看见她牢牢地抓着栏杆,爬上台阶,爬上最后一级台阶之后,她盯着跳板的末端,身边的一切好像都不存在了。她站在那里,眼睛眨也不眨地看着,时间仿佛凝固了一般。然后她向前挪了一步,她的手仍紧抓着栏杆。慢慢地,她走到了栏杆尽头,现在只剩下她、跳板,还有下面的水了,对她来说也许如临深渊。

她犹豫着走到了跳板的尽头,腿有些发抖。关键时刻就要到了——要么纵身一跃、跳入水中,要么转身回头、爬下台阶,说:"我不行。"

她在跳板上站了几分钟,然后鼓足勇气,深吸一口气,闭上眼睛,纵身一跃跳进了游泳池。

池中溅起了水花,当她浮出水面时,脸上笑容灿烂。"我成功了！"她叫道。她欣喜若狂，刚才还怕得要命，但现在她做到了。下一步她要做什么？再次爬上台阶，从高台上一跃而下，一次又一次……

这个 7 岁的孩子和我们没有什么不同。也许你会认为这与投资的情况不一样，但不管是跳入游泳池还是做一项投资，决定跳或不跳之前的恐惧并无二致。

如何克服恐惧

投资时，我们常常要迈向未知的领域。对许多人来说，都是在做一件从未做过的事。我们可能没有经验，当然也不可能事事精通。我从没见过事事精通的投资人。所以对任何人来说，要学的东西都有很多，犯错的可能性都很大。而且我们玩的可是真金白银，这让我们更不敢掉以轻心。

恐惧的形式有很多种，可能是害怕失去钱财；可能是害怕犯错（其实这一点完全没有必要害怕，因为一定会犯错）；或者，可能你跟我一样听说过，女人最大的恐惧就是害怕自己无家可归，身无分文，只能背个破袋子在街上流浪。（如果你看过了前面提到的一些关于老年女性的统计数据，这种恐惧可能也不无道理。）无论是哪种形式的恐惧，如果它存在，就请承认它。

当然，降低恐惧程度的方法之一，就是不断学习，不断实践。对某项投资你学得越多，作决定时就越自信。你拥有的投资经验越多，自信和知识也就越多。因此，每投资一次，恐惧就会少一分。

改变命运的练习

绝大多数人会时不时地经历某种程度上的恐惧，虽然有时谈不上恐怖。该如何克服呢？几年前我参加了一个户外生存课程，学习如何处理恐惧。在一项练习中，我必须爬上一根电线杆一样的木柱，站在顶端，放开手，然后向前跳，抓住一根悬在空中的马戏用的秋千。我立即想到，最可怕的应该是跳向秋千的那一瞬间。可事实并非如此，当我一级一级爬上柱子时，还在给自己打气："没什么可怕的嘛。"但当我爬到最后一级，快到木柱顶端时，我双手能抓的地方直径可能只有30厘米。

恐惧袭来，这时我的双手抓在木柱顶端，双脚还在下面两级的横档上。整个练习中最可怕的一步来了，我得松开手，登上木柱的顶端。我吓瘫了，时间就像停止了一样，我整个人像是粘在了木柱上，动也不敢动。教练在下面叫道："怎么了？"

我问他："我要怎么办才能不害怕啊？"

他答道："不是要你不害怕，是要你在恐惧来临时学会战胜它。大胆迈出下一步吧。"

说实话，我几乎使出了所有力气，才将一只脚提到了木柱顶端，然后再将另一只脚也提上来，放在它旁边。我站在这个小小的仅能容下我双脚的平台上，伸开双臂找到平衡。"我成功了！"我对自己说。然后第二个恐惧又来了，现在我必须跳出去，抓住1.8米以外的秋千。我在心里重复着教练的话："战胜恐惧，大胆迈出下一步。"

我深吸一口气，跳了出去，一把抓住了秋千。他们把我放下来的时候，我的身体抖得比开始时还厉害。教练走过来问我："上了一课吧？"是的，我全身上下每一个细胞都上了一课。

面对第一次投资的恐惧

我坐在房产公司办公室里，面前放着文件，我正准备签下我的第一套出租屋。害怕吗？我怕得要命！

1989年，罗伯特对我说："金，你该开始投资了。"这口气听起来就像生存训练课上的教练。

"投资？投资是什么意思？"我困惑地问。

罗伯特简单地向我说明了一些他的富爸爸投资的原则，然后他说："现在你该进行实践了。"

我想："哎呀，他是要让我再爬一次木柱啊！"

我的投资课就这样开始了。

罗伯特给我的第一个建议是："去周围看看。"我照做了。我们当时住在俄勒冈州波特兰市附近的东摩兰，几个街区之外就是西摩兰，那是个极好的社区，有许多带院子和阳台的小房子。它们都散落在一个公园周围，古朴的商店和餐厅更平添了一份古色古香的小镇韵味。

长话短说，我看中了一套雅致的两室一卫的房子，它带有一个精巧的后院和一间独立的车库，门前的栏杆上还铸上了一只漂亮的彩色金属蝴蝶。太美了！售价是4.5万美元，首付5000美元。

经过计算得出，我每月可以得到 50～100 美元的现金流。现金流是指我收取的租金，付掉账单（如税、保险、水费等）、按揭贷款后余下的钱，是直接赚到手的钱。

由于这是我第一次投资房产，我当时真不知道自己在干什么，我把所有东西检查了三四遍——房顶、管道、房屋结构、税收、保险——每件可能导致危险的事。我还与好几位房地产投资经理讨论了这房子的租金水平，力求获得全面、彻底的信息。

但是，当我坐在房产公司办公室签署合同并支付 5000 美元的首付时，我还是很害怕，我的手抖得厉害，差点签不了字。我在这套房子上做了很多功课，我反复地检查过，反复核对过数字，我还怕什么呢？我对自己说："大胆迈出下一步。"

再说一次，这是我第一次投资房产，我不确定我的分析是否正确，我只是尽力而已。"如果错了怎么办？"我也会问自己，"如果我的数字算错了呢？如果我每月非但赚不了钱，还得亏钱，那怎么办？如果管道或屋顶有问题，该怎么办？如果我损失了 5000 美元，该怎么办？"坐在签字台前，看着眼前即将交出的 5000 美元支票，这些想法一直在我脑海中盘旋。

"或许我应该放弃这笔买卖。"我心里说。

"这是最容易做的。也许在投资之前，我还需要更多地了解一下房地产。如果这是笔好买卖，为什么其他人没有抢着来买？"每个想法都是打退堂鼓的合理借口。如果我决定放弃，我相信许多人都会支持我。

但我对自己说："金，你已经做了很多调查，就你所知，这项投资是很有赚头的。如果你放弃，可能从此再也不会投资房产了。要么现在就出手，要么永远不投资！跳出去，去抓秋千！"于是，我签下合同，交了首付，自豪地拥有了第一项投资房产。

我在投资中有没有出过错？有。这个错误让我付出金钱的代价了吗？是的。数据是不是和我计划的一样？不是。这是我生命中最重要的投资吗？绝对是，这是我的第一次投资，它是我的起跑点，它为我打开了一扇大门，带我进入了未来一次又一次投资。

在此之后的每一次签合同时我还会害怕紧张吗？是的。实际上，我有一次在签合同时差点害怕得哭了起来，因为当时我感觉那幢房子有可能会倒塌。但那一次我也挺过来了。每一次投资，都让我学到一点东西，我变得越来越聪明，财务知识越来越丰富。不积跬步无以致千里，这是一个过程。

在第二十章里，我将讲到一笔消除了我 95% 恐惧的投资，那是我生命中最重要的一课。

投资者故事——"迈出下一步"

下面是一位女士第一次投资房产时克服恐惧的故事，现在她已经是一位幸福成功的投资人了。

维达的故事

我和我丈夫经营着地地道道的小本生意，我们非常忙碌，但前景十分惨淡。实际上，我们的业绩每个月都在下滑。

我 47 岁时，两个孩子已经上了大学，还有 3 个孩子在家。

我很难有时间学习、增长知识、寻找投资房产的机会。但我必须挤出时间，因为我知道这对我和我们一家来说很重要。丈夫很支持我，我们一起学习。我们决定，由我来重点关注房地产，而他则研究一些诸如股票和期权之类的投资。

我签下的第一项房地产投资，是一幢公寓楼，这对我来说责任重大，可能得投入我们所有的积蓄，我怕得要命。那一刻我真想改变主意，要不是周围亲朋好友的支持，我肯定不干了。

我不断地告诉自己，过去的两年里我已经投入了许多精力和财力学习财务知识，我知道自己在做什么。我就这样一遍又一遍地与自己对话，来淹没另一个小小的声音，那个声音不断地向我喊："你不知道自己在做什么！""你怎么就肯定这可以成功？""你会亏掉所有积蓄！"等等。

今天，我能笑着回首那段往事，感觉很不错。我买下了那幢公寓楼，所有的单元全都租出去了，带来了很丰厚的现金流。我还要继续学习，购买更多的投资房产。我越来越聪明，越来越自信，生活也越来越有乐趣了。

第十一章　你有多富有

如果没有自己的钱包，女人永远不能独立。

——伊丽莎白·凯迪·斯坦顿①

有天早上，我打开邮箱，一个久未联络的邮件地址发了一封信给我。信中写道：

你好，金！

是我啊，贾妮斯！我明天到凤凰城，只待一天。有时间一起吃顿饭吗？

回头见！

贾妮斯

---

①美国社会活动家，早期女权运动领导人。她根据美国《独立宣言》起草并发表了著名的《塞尼卡福尔斯感伤宣言与决议》，其中提出了著名论点："人类的历史是一部男人对女人不断伤害与掠夺的历史。"

我回信道：

你好，贾妮斯！
　　明天没问题。我也想见见你，听你聊聊近况。
　　祝愉快！
金

然后我们确定了时间和地点。
在最后一封信中，贾妮斯激动地写道：

金：
　　关于上次我们在纽约讨论的话题，我想了很多。我开始越来越能理解你说的那件事了，特别当我每天忙于生意时。我很想再和你多聊聊这个。
　　明天见！
贾妮斯

第二天，我们一见面，我就知道她一定是很想好好聊聊，因为我到的时候，印象中破天荒第一次，她提前到了，已经坐在餐桌旁了。她居然会早到！我走过去的时候，她刚和别人讲完电话。她跳了起来，我们热烈地相互拥抱。"你看起来棒极了。"她笑着说。

"真高兴你来。"我说,"你也是神采奕奕。"

接下来,吃了点什么我已不记得了,我们一口气聊了将近两个小时。我们是吃了点东西,但吃东西并不是重点。

我问她:"告诉我最近怎么样?"

"被钱追着跑!"

"上次聚会以后,我就一直在琢磨。虽然还没有完全想清楚,但我已经开始考虑,如果钱不是问题的话,我的生活将是什么样子。我以前从未意识到,过去的许多决定都不过是为了多赚点钱,而不是对我或我的生意更好。"贾妮斯坦诚地说道。

她说:"比如上个星期,我就面临一个选择。那天有两个活动,而我只能参加其中一个。一个是零售业各公司高层的研讨会,我真的很想参加。另一个是小型商品展销会,我可以现场销售我的产品。"

"你选了哪个?"我好奇地问。

"我的整个决定过程根本没考虑过哪个活动对业务的长期发展更好,"她苦着脸说,"而是考虑哪个能在今天就让我挣到钱。所以我选择了商品展销会。"

"然后呢?"我追问道。

贾妮斯继续说:"那个展销会根本就是浪费时间,我没卖出什么东西。参加展销会的人并不是我的目标客户群。一点意思都没有。如果我参加了那个研讨会,我就能见到业内的两位顶级高手,还能向他们请教,之前并没有听说他们会去。我有几位朋友参加了,回来都说很不错。我本来可以学到对公司未来发展有所助益的许多东西,但我只图眼前的利益。"

"很深刻的教训。"我说。

"我也因此想到,如果我在作选择时不那么急功近利,我的生活可能会变成另一番模样。"她说,"我开始意识到,如果我的基本生活费不用依靠我的生意来保障,那么做生意就会变得有趣得多,因为我可以按长期发展的眼光来决定生意……还有生活。"

"昨天早上我取消了和一位女客户的工作餐,两年来我一直盼着这个机会。为什么取消呢?因为我得和3个主力销售员开会,上个月我们的销售业绩下滑了。我知道这个会议很重要,但愚蠢的是,我本可以将会议推迟一天,第二天早上再开的。但我可能再也没有机会和这位重要的客户面谈了。我真蠢。"

"那你现在打算怎么办?"我问。

"喔,我觉得现在自己已经找到了你所说的达到财务自由的真正理由。我要让自己的生意变得有趣,让它成为我学习和成长的地方,与我的员工一起学习和成长,追寻我们的梦想。对我来说,这既兴奋又充实。"她说这话的时候,我从她眼中看到激情正在燃烧。

"这个理由很充分,你的动机也很强烈。"我说。

贾妮斯和我继续聊着。

我告诉她,莱丝莉因为不了解"专家"所用的语言,认为自己不够聪明。于是我们也聊了聊学习专业术语以及金钱、投资、理财的重要性。

贾妮斯赞同地说："这点很重要，我也是这样，一听到令人费解的专业术语就头大，对话题也提不起兴趣了。"

我们又花了点时间讨论了什么是财务独立，以及现金流的重要性。

下一步怎么走

"然后我该怎么做？下一步怎么走？"贾妮斯急着问。

"记得吗？我上次说过，财务独立的首要目标是不用工作就有现金流入账，还得比生活开销更多。"我问她。

"是啊，我喜欢这个主意。还有一点让我兴奋的是，你说达到财务自由并不需要一大笔钱，我还一直以为这得要很多钱呢。"她答道。

"没错，每个人的财务自由之路都是不同的。你达到财务自由所需的现金流，与你的邻居或好朋友所需的现金流是不一样的。"

我告诉她，罗伯特和我是如何在1994年达到财务自由的。"我们花了5年时间达到财务自由。还记得吗？我们在1989年投资购买了第一套房产：一套小两室一卫的房子。5年后，我们现金流投资的结果——主要是房地产投资——让我们每月有1万美元流入口袋。虽然不是什么大钱，但美妙的是，当时我们的生活开销只有3000美元。所以，那时我们就自由了。我们无需再为每月3000美元的开销而工作了，现在钱在为我们工作，它每个月都会把1

万美元的现金放入我们的口袋。"

贾妮斯插话说:"所以下一步是计算出每个月需要多少现金流来支付生活开销。我得计算一下我每月的开销。"

"正是如此!如果你愿意,现在就可以算算。""来,算算看。"她跃跃欲试。

计算你的财富

"好,我们来看看你有多富有。"我说。

"你对财富的定义是什么?"贾妮斯问。

"问得好,财富一词有无数定义。我使用的定义是我几年前学到的,它由杰出的发明家、哲学家、人道主义者理查德·巴克敏斯特·富勒提出的。富勒对财富的定义是:

一个人继续生存多少天的能力。

"用财经术语来说,就是如果不工作,你能生存几天?关键词是'不工作'。如果你今天停止了工作,就是说你失去了来自工作的收入,你的积蓄能让你活几天?"

"你是怎么算出来的?"贾妮斯问。

"其实很简单,将你的生活开销相加,就能得出你每月'生存'所需的费用。如果你没有薪水,或者你的生意不再带给你收入,那么你每月生活需要多少钱?"

"你是指我每月的最低开销吗？因为我可以剔除经常在外面吃饭花的钱，还可以减少逛街买东西。"贾妮斯说。

"你提到了这点很好，这里有个重要的区别。这个公式是按你目前的生活水平来计算的，并不是要你搬进小房子，卖掉车而乘公交车。我不赞成量入为出地生活。如果必须降低生活水平，财务独立又有什么意义呢？财务自由是按你希望的水平来生活。所以我们要计算你维持目前的生活水平的开销。当然以后你也可以不断提高生活水平——我强烈建议你这么做。"

第一步

贾妮斯欣然点了点头："这样的话，我的日常开销包括这些项目。"

贾妮斯列了如下一张清单：

按揭还贷　2500 美元

房产税　300 美元

家庭保险　150 美元

家庭一般开支（水、电、煤、电话、有线电视）　350 美元

汽车贷款　550 美元

汽油费　150 美元

餐饮娱乐费（在家或外出吃饭）　500 美元

杂项（衣服，家居用品等）　500 美元

购买书刊、杂志　50 美元

旅游、度假　250 美元

如果你要列自己的生活开支清单，可以包括以下几项：

按揭还贷
房产税
家庭保险
家庭一般开支（水、电、煤、电话、有线电视）
租金
汽车贷款
汽车保养
汽油费
交通支出（火车、公交车、出租车）
伙食（在家）
伙食（在外）
娱乐费（看演出、听音乐会、看体育比赛等）
杂项（买衣服、家居用品、书，理发等）
订阅报刊杂志
旅游、度假
养育孩子的各项支出：
　　雇保姆
　　学杂费
　　买衣服

杂项

报运动班或课外班

医疗保险

锻炼、健身费用

宠物开支（食物、医疗、托管）

庭院清扫费用

其他交通开支（船、摩托车、娱乐车）

教育费用

停车费

其他可能的费用

看过贾妮斯的清单后我问她："你每月的总开销有多少？"

"4900美元。"她说。

"数字都符合实际吗？"我问她。

她犹豫着说："嗯，在衣服和娱乐上可能还得多花点，再多写一点吧。最好能有一列'其他'或者'杂项'，因为总有意外开销。"

"好主意。"我赞道，"你在这些数字上越坦诚，成功实现目标的可能性就越大。"

我补充说："我和罗伯特一无所有时，对我来说，最困难的事莫过于每月两次与我的会计师开会了。每次开会，都得面对微薄的收入、巨大的开销，还有背着一身债务的事实，这可不是一件愉快的事。但我得承认，坦诚面对自己的处境，可以让我们设定清晰的目标，从容应对各个债权人，以及各种突发情况。如果在财务上自欺欺人,我们有可能到现在还背着这些债务。"

"我明白了。"贾妮斯说。

她修改了一些数字,然后说:"我每月的开销差不多5300美元。"

"很好。"我向她表示祝贺,"这是了解你有多富有的第一步。准备好进行第二步了吗?"我问她。

"准备好了。"贾妮斯回答道。

第二步

"下一步是计算你目前有多少钱,当然不包括你的薪水。换句话说,如果你今天不再工作了,你有多少存款,以及可能立即出售或兑现的大额可转让定期存单①或股票之类的东西——当然,还有资产带来的现金流。"

"我的珠宝和我奶奶留给我的银器算不算?"贾妮斯问。

"这不算,有两个原因,首先,这些东西不知道能不能卖得出去。如果能卖,价格可能比预期的要低得多。其次,前提是要保证你目前的生活水平。如果你要变卖家产,实际上是降低了生活水平。"

"有道理。"贾妮斯承认,"好,我列个清单看看,应该不会太长。"一番冥思苦想之后,贾妮斯列出如下清单:

存款 1.8 万美元

---

①一种由商业银行发行的,可以在市场上转让的存款凭证。

股票市值为 6000 美元

她说:"这就是我的清单。我知道没多少,总共才 2.4 万美元。"

第三步

"很好,"我说,"将 2.4 万美元除以每月 5300 美元的支出,结果是多少呢?"

贾妮斯从包里掏出计算器。

"2.4 万除以 5300,等于 4.5。"她困惑地问,"这是什么意思?"

"这表示你的富有程度为 4.5。如果你今天停止工作,你的钱还够你花 4 个半月。"

我看到贾妮斯的肩膀耷拉了下来。她惊讶地看着我,说:"这么短的时间啊,我以前从来没这样想过。"

"想法没有对错之分。"我向她指出,"这种想法将是你的起点。对许多人来说,如果停止工作,他们的富裕程度可能是零,或更糟——出现负数。"

"所以这个公式就是我的存款除以我每月的开支,对吗?"她问我。

"就这么简单。不过这中间还缺了一项,我们等会儿再说。"我说,"如果某个人每月支出为 2500 美元,她有 5000 美元存款,5000 除以 2500 等于 2,说明按她目前的生活水平,她能维持两个月。"

"现在说说缺了的那一项,完整的公式是这样的。"我在餐巾纸上写道：

$$\frac{存款（或可用现金）+不工作得到的收入}{月支出}=富有程度$$

"显然我不工作就没有收入，缺的就是这一项吧？"贾妮斯总结道。"那目标是什么？富有程度是不是就等于你将生存的月份数？那得多大一个数字啊！"

目标是什么

"那么算的话，可是个大数字。"我赞同说，"你的问题非常好，我的回答是：要达到财务自由，你的财富必须无穷大。"

"无穷大？"她困惑地问。

"你想想看，达到财务自由之后，你不用再为钱工作了，因为你的投资每个月都会为你带来足够的钱抵消你的生活开销。所以你的财富是无穷大，因为它用之不尽。"

"如果我下半辈子的生活得花上100万美元，那我可真要很努力才能赚够。我得花很长时间，还不一定能达到。即使我达到了，100万也有花完的一天，那时麻烦可就大了。"

"这正是我想说的。"我说。

"所以，我的开支决定了我所需现金流的数额。现在我知道了自己的开支是多少，就可以设定我所需的每月投资回报的目标了。"她恍然大悟。

我笑道:"明白了吧!这就叫现金流,你需要有现金流入。投资带来的现金流称为被动收入。因为你无需为它工作,所以叫做被动收入。"

贾妮斯兴奋地说:"我的目标是不用工作每月就有5300美元的现金流!"

"没错,每月5300美元,或更多。"我说。

"对,多多益善。"她随声附和。

"下一个问题是,你怎么做到这一点呢?"

"这正是我想问的!"她笑了,"你在介绍投资公式的时候说过,可以进行投资或创建资产。资产可以让钱流入我的口袋。所以我的下一步就是开始了解并寻找能让钱流进口袋的资产!"她扬扬得意地说。

"最后还有个问题,我没那么多资金,存款也不多。要赚钱,总得先有钱吧?投资是不是需要很多钱呢?"贾妮斯问道。

"问得好!"我说,"但我想我们都得走了,这个问题过两天在电话里聊吧。"

走出餐厅时,我对贾妮斯说:"关于投资是不是需要钱的问题,我先这么说吧,刚开始投资时,没钱可能是最有利的一个条件。回头再聊!再见!"

第十二章　"我没钱投资！"

钱买不到幸福，但能让人在痛苦时感到舒适。
　　　　　——克莱尔·布斯·卢斯[①]

我准备去一趟纽约，记得答应过莱丝莉说去纽约的话一定联系她，我拨通了她手机。

"喂？"

"嗨，莱丝莉，我是金。有时间聊聊吗？"

"当然！"莱丝莉答道。

"我这两周准备去一趟纽约，想聚聚吗？"我问。

"只要是吃午餐就没问题！"她笑着说。

我也笑了："我们跟午餐还真有缘啊，前几天贾妮斯来我这儿了，我们见了一面……当然，也是午餐。"

我们聊了一会儿，定了日期和时间。"你定地方吧。"我提

[①] 美国著名女记者、杂志主编、剧作家、社会活动家。曾任美国国会议员，驻外大使。

议道。

"我有个好去处,我先看看行不行,到时通知你。"她回答。然后,我们道了别。

与姑娘们再次聚餐

看看艺术家选了什么好地方,赴约的路上我这么想着。

我找不到莱丝莉的"好去处",只得掏出手机。"喂,莱丝莉,我刚过桥,现在往左还是往右?"我问她。

"往右,沿着小路一直走,你就会看到我们了,肯定能看到。今天天气可真不错。"她说。

我边走边笑。天空没有一丝云彩,天气很暖和,穿件薄外套就够了。转个弯,就看到了莱丝莉。在中央公园的一片草地上,铺着一块大大的红色毛毯,她坐在毛毯上,旁边放着一个大大的野餐篮,正对我灿烂地笑着。

我向她招招手,快步走去。很奇怪,她身边还坐着一个女人,背对着我。莱丝莉向我招手的时候,那女人一动都没动。

走近她们时,我一下子认出来了。"特蕾西!你怎么在这儿?"我叫道。我们热烈地拥抱在了一起。

"错过了上次的聚会,我遗憾得不得了。这次你说要来,莱丝莉就打电话问我有没有时间来聚聚。"她说,"我可不想再错过这一次重聚的机会了,特别是莱丝莉已经告诉我你们上次的聚会有多开心。"

接下来的一个小时里,我们一边野餐,吃着莱丝莉准备的美味佳肴,一边聊着各自的近况。特蕾西向我们抱怨说她在芝加哥的那份工作有多烦人。"我的生活根本就不像生活,"她苦恼地说,"工作时间越来越长,我的努力却没有得到什么回报。我的薪水是在涨,但人似乎还在原地踏步。我丈夫也和我一样忙。我们有两个孩子,一个上高中,一个七年级。我每天总在尽力处理各种麻烦事,但老实说,一天下来,我看不到一点进步。为了不落人后,我每天都拼死拼活地做事。真想有点变化。"

她又接着说:"几个月前才让我害怕呢。我丈夫的公司被兼并了,他很有可能被解雇,因为新老板要用自己带出来的人换掉老员工。不过谢天谢地,他没被炒鱿鱼,否则对我们的收入可是个巨大的打击。但这件事让我意识到,我们在财务方面有多么脆弱。"

莱丝莉插进来说:"我跟特蕾西说了一些我们上次讨论的关于金钱和财务自由的事,好像触动了她的心事。"

"你说得对,这个讨论对我来说太及时了。"特蕾西很坦然。

与所有姑娘们的聚餐一样,我们继续喋喋不休。特蕾西告诉我们,要在事业和家庭之间保持平衡是多难的一件事。我开玩笑地引用女权主义活动家、《女士杂志》的创办人格洛丽亚·斯泰娜姆的话说:"我从未听说有哪个男人会问如何平衡家庭和事业。"

我们都笑了起来……然后又一下子安静了下来,我们意识到,这句话是多么正确啊!

特蕾西说:"我觉得'我没时间'已成了我生活中的口头禅。每当有人建议我做什么事,哪怕这件事只会占用我一分钟,这句话就不由自主地从我嘴里迸了出来。莱丝莉给我讲你们上次关于金钱和投资的谈话时,我的第一反应也是这样。但我觉得生活一团糟,确实需要来个大大的改变。这也是我今天来这儿的原因之一。"

一个熟悉的问题

特蕾西的理由已初露端倪。我们很快聊了许多,然后特蕾西提到了一个我再熟悉不过的问题,她问:"投资不需要钱吗?——要赚钱,总得先有钱吧?"

我笑了:"我们应该给贾妮斯打个电话,上次我和她在餐厅分手时,她也问到了这个问题。只可惜当时我们没时间再继续谈下去了。"

特蕾西说:"说来真惭愧,虽然这些年来我和我丈夫努力工作,但我们没有存下什么钱。除了一些401(k)退休金[1]和共同基金,还有一些为孩子存的教育经费,其他都花完了,有时还入不敷出呢。"

"不知道我的情况能不能让你好受点,特蕾西,再怎么说你还是比我好多了。"莱丝莉说。

---

[1] 此计划是按美国国内税收总署的税收编号命名的。它允许雇主和雇员对一部分收入进行税收递延。

"那要赚钱总要先花钱吧?"特蕾西又一次问道。

"这么说吧,上次我和贾妮斯告别时也是这么告诉她的。对我来说,刚刚开始投资时,没钱是最有利的一个条件。"

她们俩一脸迷惑地看着我。

"这怎么可能?"莱丝莉问,"我也和特蕾西想的一样,要投资必须得先有钱才行。"

"但在你找到投资项目之前需要钱吗?"我反问。

"我不太明白你这么问是什么意思。"特蕾西说。

我答道:"你们是不是说过这种话:'一有钱,我就要怎么怎么样'或'只要有空,我就要做什么什么事'?这些话听起来耳熟吗?"

特蕾西说:"是啊,我肯定这么说过,特别是'有空'那句。怎么了?"

"你有过空闲时间吗?"我问她。

她想了一会儿,说:"从来没有。"

莱丝莉也插进来:"我倒总是说'一有钱,我就怎么怎么样',你们猜怎么着,那些我一有钱就想做的事从来就没有实现过。知道为什么吗?因为钱总是花在了其他地方。只要我说了这话,这件事就肯定不会发生。"

"这就是问题的关键,"我说,"当我听到有人说'一有钱就要开始',我几乎就敢肯定,他们永远不会开始。'一有钱,我就要怎么怎么样'这种想法,让你什么也做不了——因为你没钱。这是个什么也不做的绝好借口。"

137

"那如果没什么钱,怎么开始投资呢?"特蕾西有些苦恼地问。

"我说个故事吧,就是这个故事让我改变了投资必须先有钱的想法。"

特蕾西和莱丝莉点点头。

"我们没钱!"

"那时我和罗伯特住在俄勒冈州,还没存下什么钱,我的投资就开始了。实际上别说存钱,每个月支付各种账单就已经够我们受的了。一天下午,我们刚从澳大利亚出差5个星期回来。刚进门,行李箱都没来得及放下,电话就响了,是我们的房地产经纪人。他说有一幢12个单元的公寓楼值得我们去看看,时间很急迫,只有一个小时。他第一个打电话给我们,如果一小时内我们没有回音,他就要给别的投资人打电话了。我们刚赶了24小时的路,已经筋疲力尽了。

"罗伯特说:'我去看看。'我现在都还记得那会儿,他都上车了我还在朝他喊'不要买!'——我清楚我们当时的经济状况。

"当然,罗伯特回来时很兴奋,冲我说的第一句话就是'我买下了!'

"我惊讶地张大嘴:'什么?我们没钱!'不由自主地喊了一声。

"'对,如果我们筹不到钱就不能买,'他说,'但我们筹筹钱试试吧。我签了认购合同,我们有两星期的时间,来检查房产和筹集资金。如果有什么不满意,我们可以不买。但不管怎么说,我们必须在两星期之内筹到这些钱。'

"我承认,我当时很担心。我们从经纪人那里拿到了这套房产的财务资料,然后打电话给加拿大的朋友德鲁,他是一位非常成功的房地产投资人。他说他很感兴趣,我把数据传真给了他。这套房产总价33万美元,首付需要5万美元。数据传过去不到一小时,他打电话来说:'我很喜欢这套房产,是笔好买卖。我入股50%。'这意味着他出2.5万美元的首付,并拥有这幢公寓楼的一半产权。现在我们只需要筹集余下的2.5万美元了。

"'太好了!'罗伯特说,'我明天打电话和你详谈。'

"德鲁的电话打来时我们正在开车。当德鲁说'我入股'时我感到特别振奋,我对罗伯特说:'德鲁是房地产投资的行家,他说好,那一定错不了。'

"罗伯特也表示赞同。

"我笑着说:'我们自己买吧,百分之百拥有它!'

"罗伯特踩下刹车,将车停到路边。'看,'他不耐烦地说,'德鲁愿意出一半的钱,我们只要筹到2.5万美元就够了。如果我们自己买,那么就回到了起点。'我们两个都沉默了,但脑海中都在进行激烈的交锋。我们互相看了一眼,罗伯特说:'好吧,我们试试看。'

"许多人可能都会认为我们在干蠢事,有时我们自己也这么认为。本来已胜券在握的事,现在可能要鸡飞蛋打了。我们决定搏一搏。

"我们又回到起点,得筹集 5 万美元。我们一家家银行地跑,都被拒绝了;我们也找遍了熟人,希望能够以合理的利息借到钱,但也没成功。我们细细地梳理了一下自己的财务状况,挤出一点钱,然后在公司业务上想办法,希望能在最后期限到来之前多回笼一点资金,最终我们只凑到了 2.5 万美元。我对自己说:'这正是德鲁答应入股时的情况。'

"但我们仍然没有停止想办法。还有 3 天期限,我们决定最后努力一把,于是回头来找我们自己的银行。一开始我们故意避开它,是因为我们的个人和公司账户上总共只有 3500 美元左右,银行不太可能接受我们的要求。

"我和罗伯特到银行去见经理詹姆斯,我们跟他打过几次交道。这是家小银行,他和我们一样,刚刚来到这座城市。我们坐在他的办公桌前,向他介绍这笔买卖;向他说明我们的财务状况;还向他解释了我们将如何用这套房产产生的现金流来偿还贷款。詹姆斯静静地抬起头来,说:'你们两个来找我胆子可不小啊。首先,我很清楚你们在银行有多少钱;其次,你们成为我们银行的客户只有两个月的时间。'我们知道没指望了。

"詹姆斯继续说:'即使让我考虑贷款给你们,这种可能性也不太大,不过第一步你们得签了这份文件。干吗不签呢?签了吧。'他提了个建议。

"我们觉得他在尽量对我们客气一些,以减少我们接下来被拒绝的痛苦。

"我们签了文件递给他。他把文件放进了文件夹里,然后笑着对我们说:'祝贺你们得到了贷款。'

"我们惊呆了。'真的吗?你同意贷款给我们了?'我问。

"'这套房产不错,'他说,'虽然我只和你们打过几次交道,但看得出你们对生意很认真,我相信你们对投资也这么认真。祝你们好运。'

"就这样我们在惊愕之中走出了银行,打电话给经纪人,完成了交易……百分之百拥有。

"现在想来,詹姆斯并没有充分的理由贷款给我们。我们也没有想到他会给我们这个机会。有时,钱会在最没有希望的地方出现,确实会有奇迹发生。但关键是,如果没有这个项目,如果没有挨到最后期限,我们永远也筹不到钱,也就不可能买下这幢公寓楼。"我总结说。

"没钱?没问题!"

"这听起来跟我想的正好相反。"莱丝莉说,"在找到钱之前,先要找到投资项目,是这样吗?"

"正是如此。"我说,"大多数人都会说'我先得找到钱,才能开始投资',而我学会了'先找到投资,再去找钱'。"

"往下说。"莱丝莉催我。

"很简单,先找到投资项目,让它成为现实,对它充满激情。比如一套三室两卫的出租屋,看看它,摸摸它,在里面走走。计算一下现金流，想象拥有它之后的情景，和别人聊聊。现在它不再只是一个想法或理论，它是真实的。这时，你才会真正开始动脑筋，你会对自己寻找资金方面的创造力感到惊讶。无论是商业投资还是其他投资都一样，当然最让人激动的是投资带来的现金流。"

"所以得先找投资项目而不是先找钱，"莱丝莉重复道，"这么说我马上就可以进行了。说实话，我在赚钱方面没什么信心，我只会努力工作。赚钱的事，我光想想就觉得累，所以从来没有真正寻找过投资机会。"

特蕾西插话说："你是说，如果我找到好的投资项目，钱就会奇迹般地出现？"

"如果你只是坐着等，钱是不会不请自来的。"我说，"你得采取行动，得去找。如果你有了特定的投资项目，有两个好处，首先，切实的投资项目可以激励你与借贷方和潜在的投资人交谈接触；其次，筹措资金一般都有某个期限，这也是一种激励，你不能对最后期限说'以后再说'。它迫使你马上行动。你接触的人、潜在借贷方和投资人越多，你积聚的能量就越大，机会也就越多。能量之间相互作用，就会发生奇迹——就像詹姆斯最终发放贷款给我们一样。"

莱丝莉问："你每次都能筹到钱吗？有没有筹不到的时候？"

"当然保证不了，但这么做至少参与到游戏中了，有了机会，否则你对自己说'我没钱，我买不起'，游戏还没开始你就退出了。开始筹集资金后，成功的机会可能有50%，也可能有100%。但如果你觉得自己买不起而不采取行动，那么成功的机会就是零。"

没钱是一种有利条件

特蕾西问:"我明白了,得先找投资项目。但我不明白的是,没钱怎么会是有利条件呢?你找资金也得花很多努力啊。"

"问得好。"我说,"找钱是得费不少工夫,以后的实际交易也是一样。实际上,我们的每一项投资,几乎都没有现成的资金准备。开始投资时,是因为我们没钱。现在我们也没钱,因为所有的钱都用来投资了。"

"那么,没钱是有利条件是因为……"特蕾西催我快说。

"因为这迫使你思考,迫使你产生创造力。现在,为投资项目筹措资金的方法我已经掌握了很多种,而不仅仅是使用自有资金这一种。最重要的有利条件是,我从来不让没钱成为一个借口来阻碍我寻找好的投资项目。当你不得不做的时候,结果往往会出乎你的意料。"我说。

"罗伯特的富爸爸教他的最重要的一课就是,永远不要说'我付不起',一说'我付不起'这种话,脑子就自动关闭了。富爸爸教他不要说'付不起',而要问:'怎么才能付得起?'这样才会开动脑筋,寻找答案。"

如何找到钱

大多数人需要贷款或资金时,第一个想到的恐怕就是传统银行。被第一家银行拒绝后,他们放弃了:"我贷不到款。"又是一个"不"字。他们不知道,这家银行只是不向这种房产或商业类型放贷而已。不同的银行会贷款给不同类型的投资项目。除传统银行以外,还有许多选择。随着投资经验的增长,你会找到其他许多筹措资金的方法。

卖方筹资:与出租屋一样,卖方扮演银行的角色。你可以与卖方签订贷款协议,约定贷款金额、贷款利率以及贷款时间或期限。

用现金流筹资:例如,你买下某项业务,并与卖方、债权人或者投资人签订协议,用该业务产生的现金流偿还贷款。

债权人筹资:你可以向债权人筹资。当然债权人有许多不同的类型,你可以向按揭或业务经纪人讨教。这些经纪人知道什么样的债权人对哪类投资感兴趣。经纪人的费用由债权人支付,无需由你负担。

可转让贷款:有时房地产的投资可能会有附属的贷款,这意味着,你可以将现有贷款"转"过来,所需审批手续极少。当然你也必须接受已有的贷款条件,包括利率、贷款期限和其他事项。

其他投资人:许多人有钱,但对寻找和管理投资项目没有兴趣、没有时间或没有经验。如果你能证明你的投资项目,比如房地产、某项业务、税收留置权、贵金属等,能为投资人带来丰厚的回报,那么这些投资人可能会成为你所需资金的来源。

家人和朋友:你可以说服家人或朋友和你一起投资,你投入时间和精力,他们投入资金。不过有几点需要注意:

首先，将家人和朋友看做投资人，而不是你所爱的能"助你一臂之力"的人。如果你想成为一名投资人，就应该专业地处理各项投资。和你的合伙人明确商议何时归还本金，并支付相应的回报。与他们签订协议。

其次，由于和家人及朋友之间的感情关系，我一般不建议这么做。深厚的友谊不值得经受投资可能失败的考验。我就见过做姐夫的借钱给小姨子，7个月后又急着要回来，小姨子不得不重新寻找新的资金，结果双方闹得不欢而散。这不值得。把每项投资都看做一笔独立的生意，因为本来就是如此。

总能找到钱

我对她们说："上个星期就有个经纪人向我介绍了一个房地产投资项目，谈了几次后，他们接受了我的出价。这个经纪人看着我到处筹集首付，最后终于从3处筹齐。我看得出来他当时有点担心我筹不到。成交那天，我对他说：'谢谢你给我介绍了这笔好买卖，下次再有这么好的生意时，马上打电话给我吧。就算是明天也可以。'

"他看着我说：'明天？你不是缺钱吗？我以为这笔生意用完了你所有的钱呢。'

"我自信地笑着说：'只要有好买卖，我就能筹到钱。'"

特蕾西说："所以不应该先把精力集中在找资金上。如果这么做,永远也上不了路。应该先找到投资项目。找到了投资项目后,再努力找资金。我喜欢这种说法。"

"这就对了。"我答道,"现在让我来说说我和罗伯特用了许多年的好办法吧,它能帮你每天积累财富,而不必让日常生活变化很大。不过,先把奶酪盘子递给我,好吗?"

第十三章 关于金钱的更多故事

　　　　好目标就像高强度运动——它让你的柔韧性更好。
　　　　　　　　　　　　　　——玫琳凯·艾施①

　　"你说的好方法是什么呀？"特蕾西问。
　　"再给你们说个故事吧。还记得吗？我说过我和罗伯特搬到俄勒冈州去时，一点积蓄都没有，几乎连账单都付不起。"
　　她们点点头。
　　"正是在那时，我们才意识到需要作些改变，否则我们将永远陷在经济困境里。虽然我们当时挣的钱很少，但我们还是决定，为了创造美好的财务未来，我们必须立即行动。"
　　"那你们是怎么做的？"莱丝莉问。
　　"我们做的第一件事是请了一名会计师。"我告诉她。
　　"为什么要请会计师？"她追问道，"你说你们当时没钱，为

---
　　①美国著名女性实业家，玫琳凯化妆品公司创办人，是美国商界最成功的企业家之一。

什么还要请会计师?"

"你知道吗,我们是多么容易在经济上自欺欺人?"我对她说,"我当时常想,我们的财务问题会奇迹般地自动消失。我是个乐观主义者,最不愿意面对自己的财务困境。'别去想它,它自己会消失的,'我常常这样对自己说。"

莱丝莉笑了起来:"你会读心术吧?我也是这样的。"

"这比面对现实容易多了,不是吗?所以最辛苦的事就是请一名会计师,每月开两次会。每隔两个星期,我们的会计师贝蒂就会跟我们摊牌,把糟糕的经济状况摆在我面前。就像做妈妈的非要让孩子把蔬菜吃下去一样,每次开会,贝蒂都要让我们把每份账单和每笔收入(或支出)说明白。这可不是件愉快的事,我害怕开会。"

"这个故事有积极的一面吗?"特蕾西开我的玩笑。

我笑了:"积极的一面是,这让我明白了我们的经济窘境。我不再装得一切正常,也不再骗自己问题会自动消失。我了解了自己收入和支出的真实情况。一旦明白了自己的处境,我们就能客观地规划自己的目标,以及找到达成目标的方法。"

我继续说道:"请到会计师之前,我就像鸵鸟把头埋在沙里一样。这就好比你打电话给餐厅问'你们餐厅怎么走'却不说明你从哪个方向来。如果餐厅服务员不知道你在哪里,又怎么给你指路呢?所以,如果要规划自己的财务目标,就得弄清楚你现在的处境。"

好方法

"通过与贝蒂两周开一次会,我和罗伯特意识到的第一件事是,我们没有为将来存下一分钱。我们赚的每一分钱都拿去付账单了,而这已经尽了我们最大的努力。所以我们决定先支付给自己,再支付给债权人。'先支付自己'差不多是老生常谈了,对不同的人来说有不同的意思。对我们来说是这样的:

"我们的计划很简单:每赚一块钱,不管是怎么赚的,先留下30%。如果赚到100美元,就留下30美元;如果赚到1美元,就留下30美分。

"然后将钱分到3个账户:投资账户(10%)、储蓄账户(10%)、慈善或捐款账户(10%)。

"留下30%后,其余的钱用来支付账单。先支付自己意味着我们有30%的钱来打造我们的财务前途。

"这个计划的关键是持之以恒,你不能说:'这个月算了,下个月再补上吧。'下个月你很可能是补不上的。这个过程中最重要的部分是纪律或决心,对于每一块钱收入,你都应该坚持这么做。这样你每月存下的钱可能并不多,但每次都坚持这么做,就会养成习惯,习惯成自然。

"你可以选择不一样的百分比。我们选择30%是因为根据我们当时的财务状况,30%已经有点吃力了。当然你也可以选择更小的百分比或更少的金额,不过,我建议你不要让自己太容易做到,因为:

"第一,如果比例太低,那么取得实质性成果的时间则太长。

第二，如果不能很快看到成果，你可能会失去兴趣而放弃这一习惯。我认为，设定不太容易达到的百分比，自己得做出点牺牲，这样才更值得。发挥你的创造力吧！你会发现，这些账户的积累速度快得让你吃惊。

"重要的是，这 30% 是我们的未来，如果我们不为财务未来作打算，那么我们就没有未来。"

特蕾西问："但你们当时都捉襟见肘了呀，怎么支付账单呢？"

我笑了起来："我们的会计师贝蒂也是这么问的！我们的对话是这样的，我说：'贝蒂，我们想从每个月的收入中预留下 30%，将钱存入 3 个银行账户，只用于投资和慈善事业，存款账户只能应急用。'贝蒂说：'不行！你们还有账单要付。那样你们拿什么付账单？'

"我说：'我们每月给每个债权人都付一点，只是比要求的少付一些。如果有必要，我会打电话给他们，向他们保证我们会付清账单的，但需要更多一点时间。'

"贝蒂说：'我有个好主意，为什么不先把账单付清了，再将余下的钱存起来呢？'

"我对她说：'大部分人都是这么做的。但问题是他们从来就没有什么钱余下来。就按我说的做吧，债权人那里我会搞定的。'

"于是贝蒂无可奈何地叹了口气。"

"那么你的债权人有没有日夜追着你要钱啊？"莱丝莉问。

"问得好！我绝不是教你们赖账。美国的破产率已经太高了，许多人希望通过这种方法赖掉账单和债务。我坚决反对这么做。我们不但要确保自己付清所有的账单,还要不断地与债权人沟通,向他们保证我们将付清账单。

"我想说的是,解决财务问题的方法不止一个,你得发挥创造力,找出解决之道。运用甚至是创造你自己的方法。问问自己:'如果要实行这个先支付自己的计划,怎么才能做到?有特别的方法吗?'再说一次,这个习惯不仅仅是存下余钱那么简单,这是打造你的财务前途。告诉你们,这些账户里的钱的增长速度远比我们想象的快。"

"再说一次那些账户吧。"莱丝莉说。我找出一张纸,画了3个框:

"首先,我们需要投资,所以设立一个投资账户。其次,我们认为应该先予后取,因此设立一个用来捐款的慈善账户。第三,设立一个普通储蓄账户,以备不时之需。"

"'先支付自己'的概念并不是奖赏自己去买一双新鞋子或者去塔希提度假,而是为你的财务未来做准备。"莱丝莉若有所思地说。

"正是如此,"我说,"你提到了一个重点,因为很多人不清楚这一点,他们为了'奖赏'自己,出去把辛辛苦苦存下来的钱花个精光,最后又回到了起点。事实上,我的第一笔出租屋投资——那套小两室一卫的房子的首付5000美元,就来自我的投资账户。"

"很难想象留下收入的 30%，只靠那 70% 过日子。"莱丝莉感叹道。

"如果很容易的话，每个人都这么做了。发挥你的创造力，想想怎么才能做到。开始想比不想要好。先想想去年全家大约共有多少收入，想得出来吗？"

"嗯。"莱丝莉答道。

"将它乘以 30%，想象一下如果你去年开始这么做的话，现在的银行账户上已经有多少钱了。"

莱丝莉笑了。

"所以想想吧，想想如果这些钱不溜走的话，能存下多少。"我说。

莱丝莉困惑地问："溜走？"

"是啊，溜走。不知不觉就把钱花了。如果改变一下方式，可以留下多少啊。"

"我明白了。"她笑着说。

"你们现在还这么做吗？每月留下 30% 的收入？"特蕾西问。

"对，但我们现在比例不止 30% 了。现在唯一不同的是，我们的大部分收入都花在投资上了。"

我们 3 个人继续聊着，莱丝莉选的"餐厅"真不错，美味的食物和饮料都让我们吃得干干净净。我们悠闲地欣赏着公园里的风景，这时，莱丝莉的手机响了……

练习

1. 过去 12 个月里，全家的总收入为多少？_____ 元

如果过去 12 个月中，你将所有收入的 30% 存下，那现在已有多少？

12 个月收入 × 30% = _____ 元

2. 现在每月总收入是多少？_____ 元

将每月总收入乘以 12，得出将来的家庭年收入：_____ 元

预计的其他收入，如退税、礼物、投资、额外收入等：_____ 元

家庭总收入：_____ 元

如果未来 12 个月中，你将所有收入的 30% 存下，你"先支付自己"的部分累计将达到多少？

家庭总收入 × 30% = _____ 元

第十四章 "我的另一半不感兴趣!"

所谓权力就是无需取悦别人的能力。

——伊丽莎白·珍妮薇[①]

"喂,你好!"莱丝莉接起电话。

"嗨,莱丝莉,我是帕特!"对方说。

莱丝莉大笑起来:"帕特,我就觉得是你。如果你也来参加我们的午餐会就好了……虽然东西都吃完了。等一下。"莱丝莉按下免提键,"帕特,向特蕾西和金问个好吧。"

"你们好!很高兴特蕾西也来了。快告诉我你们都聊什么了。"

特蕾西接过话头:"真希望你也在,谢谢你打电话过来。我从金和莱丝莉那里听说了你们上次聚会的情况。莱丝莉跟我说起了你们在金钱、财务和投资方面的那场讨论,我还想多了解一些,所以就来了。这次聚会真棒,我们可想你了!"

[①] 美国女作家,文学评论家。著有小说《格雷戈里的疑问》《戴西·凯尼恩》等。

"我也希望自己能去啊，"帕特回答说，"可惜琐事太多了。我真想和你们好好聊聊呢。"

帕特继续说："上次聚会之后，我跟我丈夫谈了一些我们聊的内容——只有那些关于投资的内容，我可没说我们单身时的那些事。他似乎不太感兴趣。他说：'我们赚的钱够多了，没必要冒险去投资。别担心这个。'我们的谈话就到此为止了，我的努力也到此为止了。如果我丈夫不感兴趣，我就很难尝试某样新事物，况且他是家里的经济支柱。我真不知道该怎么办了。"

电话两端都沉默下来。

我思索着：这倒是个大问题，如果你的丈夫对投资不感兴趣，你该怎么办？怎么着手？你需要他的支持吗？如果有丈夫的支持，事情就容易多了。如何与丈夫在投资的问题上达成一致？这不仅关系到投资，更涉及夫妻关系——这又是另一个层面的问题了。

我抬头看见莱丝莉和特蕾西正注视着我，仿佛在说："该怎么跟她说呢？得对她说点什么呀，她该怎么办？"我不知道该说些什么，我从未遇到过这种情况。我的情况正相反，我的丈夫罗伯特总是鼓励我多多学习，多多投资。但回头想想，许多女性朋友都问过我这样的问题，所以我知道，这样的问题并不单单发生在帕特这里。

于是我对她说："帕特，这个问题我还不知道答案，我希望能找到一个奇迹般的解决办法，但你的问题是我遇到的最困难的问题之一。这不止关系到金钱，还关系到你们的夫妻关系。所以，容我再想想，让我们先聊聊别的，再回复你，好吗？"

"那太好了,谢谢你。"帕特说。

我们4个继续说个不停,都快到下班高峰时间了才不得不收线。我们相互拥抱,还通过电话拥抱了帕特。不知道什么时候才能再见,但我们会保持联络。

一个常见的问题

帕特的问题始终萦绕在我心头,如果你的另一半对投资不感兴趣,该怎么办?

在这个问题上,我发现许多女人都有一个特点,当她们想对生活作些改变,或要作出什么重大决定时,她们会仔细全面地为家人考虑,她们总是比男人谨慎得多。我想,这就是许多女人开始投资时,马上就会碰到上面所说的种种问题的原因。通常来说,女人在作决定时常会考虑家人的感受,而男人则更多地采取一种果断的强硬的态度。

我的一位女友对这个问题作了形象的比喻,她问我:"你观察过游泳池里的孩子吗?如果你让一组男孩在泳池边排好队,一起跳入池中,你会看到:他们排得参差不齐,各自成队,每个人都想胜过别人。杰克溅起的水花最大,查理跳得最远,彼得的跳水姿势最优美,而丹尼潜水时间最长。

"如果同样这么要求一组女孩,她们会怎么做呢?她们会斯文地排好队,举起手,一齐跳入池中。"

我不反对竞争,我喜欢竞争。关键是,我们女人比起男人来太顾虑周围人的感受和想法了，总是要把所有影响都考虑到。所以女性朋友们会遇到"如果我的丈夫对投资不感兴趣，该怎么办"之类的问题也就不足为奇了。

我一次又一次地听到这种问题，（不过从记录来看，也有男人问过这类问题。）我从未找到答案。我很幸运，罗伯特不仅支持我投资，还鼓励我不断学习，接受更大的挑战。他敦促着我向目标迈进。所以，我个人并没有这方面的直接经验。但我知道许多女人，还有一些男人，正面临着这种困境。

4种选择

依我之见，准备投资的女性朋友可以有4种选择：

选择1：与另一半一起投资。
选择2：得到另一半的支持后自己投资。
选择3：另一半不支持，自己投资。
选择4：不投资。

选择1：这是最理想的状态。俗话说得好："三个臭皮匠，顶个诸葛亮。"投资需要各种才能，从寻找项目到进行谈判再到处理文件等。夫妻一起工作，可以激发各自的潜能，并将这些才能带到投资策略中去；其次，因为是边干边学，夫妻之间会产生许多共同话题，一起作决定，一起研究和学习，共处的时间大大增加。

在大多数情况下，这有利于促进夫妻关系和投资获得成功。

有位名叫茉莉的女性朋友写信给我：

> 我和我丈夫都觉得，除了为公司卖命以外，应该找一种更好的生活方式。于是我们开始一起读书，这让我们的生活发生了巨大的变化，因为我们的眼界同时变得开阔。一起阅读、讨论、探讨新想法成了我们的乐事，我们决定在房地产投资上分工合作。作为女人，我喜欢有人支持的感觉；虽然这种支持并非必不可少，但这种感觉的确让我很开心。

选择2：这是比选择1稍逊一筹的情况。如果你能得到另一半的支持，那你就不必孤军奋战了。他和你站在一边，当然希望你成功。我接触过的许多女性投资人就是这种情况。她们的丈夫说："你投资吧，我支持你，但我不参与。"

通常的情况是，一旦你开始投资，特别是当他看到你有钱入账时，他就很难再无动于衷了，他不再甘心只做一个被动的旁观者，他的兴趣会高涨，会越来越乐于参与。在某次会谈中，我问我的女性朋友怎么让不感兴趣的另一半对投资热中起来，有位女士大声说："把赚到的钱给他看！"

另外还有一个极好的例子来自一位男士，他妻子对投资不感兴趣。我之所以举这个例子，是因为有时候我们女人意识不到，其实我们的丈夫很重视我们。

刚开始投资时，只是我自己干，她只是旁观。我整天都得工作，有时还得兼职。回家之后，匆匆吃完饭，就开始埋头寻找我的第一项房产投资。

我找了许多项目，有时候条件谈不拢，有时候又被别人捷足先登。最后，我终于找到了一个合适的投资项目，并很快买下了那套每月能产生350美元现金流的房产。说实话，刚开始尝试时，我几千几万次地想过放弃，不过我还是坚持了下来。终于有一天我妻子也加入了这项激动人心的事业，这是我最大的动力之一。

以前，我都是白天上班，晚上回家打理房产，这样的日子持续了一年。如果她能帮我的话，情况当然就好多了，但我并没有强求。

慢慢地，她开始感兴趣了。她看到了我的投入、我的牺牲、我的信念……而且，她看到了赢利！

要抚养两个孩子，还要打理40多套出租屋的种种琐事，我妻子做得很好，我为她的成就感到骄傲。我们两人都得到了自身的发展，认识到了不断成长和学习的必要性。没想到我们的关系还能像现在这样和谐。夫妻俩共同成长真是一件美好的事……

选择3：这个选择不太容易，你不仅要面对一个全新的领域，而且还得不到生命中最重要的那个人的支持。所以我不能信口说这无所谓；但是，随着时间的流逝，就像上面那位男士一样，一旦你取得了一些成功，尝到了甜头，你丈夫的态度就会转变，成为你最有力的支持者。面对这种情况的多半是女人，不过，许多女人也越来越多地学会了依赖身边其他人的支持，尤其是其他投资人。

这就是女性投资团体的可贵之处，志同道合的女性投资人一般都能建立自己的投资俱乐部和组织等。如果你正面临着这种情况，快去寻找身边与你有相同目标和抱负的人吧。

选择 4：列入这项选择时，我心里很别扭。但事实上，许多女人还是选择这么做了——不进行投资。有位女性朋友告诉我：

"如果得不到丈夫的支持，我担心我们的婚姻会出问题。我只能希望有一天他能回心转意。"

不幸的是，要使对投资不感兴趣的另一半回心转意，并不是件容易的事。但可贵的是，世界上仍有许多女人正在为此努力。

怎样得到另一半的支持

我问一些投资人："如果你的另一半对投资不感兴趣，该怎样激发他的兴趣呢？"他们的回答很有创意，也很实用。这里列举一些故事：

梅根的故事

梅根想进行投资，她准备了两年，现在是采取行动的时候了。她和丈夫杰夫一起坐下来，向他解释她想做什么，并希望丈夫能支持他。

可她丈夫回答说："我可没那闲工夫！光是工作就已经够累人的了。你觉得投资重要，你就去做吧，你做了什么，记得告诉我就行。"

丈夫对她的投资热情无动于衷，这让她很失望，但至少他愿意了解她在做些什么，这倒也算有些安慰。

梅根对出租屋感兴趣，她花了4个月研究不同的区域，了解各种各样的市场，最后，梅根找到了她想要的那种类型的出租屋。当她从路边看到这套房子的时候，脑海中闪过了一个好主意——一个让她丈夫对这套房子感兴趣的好主意。

到了周六，她建议到"一家听说很棒的餐厅"吃早餐。那家餐厅离她看中的那套房子仅隔6个街区。杰夫是一位设计师，眼光独到，非常有创意。梅根开车慢慢地经过那套房子，漫不经心地在它门前停下，问她丈夫："杰夫，如果这是你的房子，你觉得该怎么装修？"

杰夫说："先得清理一下花园，走道可以铺上铺路石，就是中间能长出草来的那种。再装上富有现代气息的遮阳篷，刷上暖色调的涂料，就能让屋子显得更温馨。还有，得把大门换了。"

"你来帮我一起装修好吗？"她笑着说。

"你说什么呢？"他说，然后立刻恍然大悟，"这就是你想买的房子，对不对？"

从那一天起，梅根和杰夫就成了房地产投资搭档。梅根很聪明，她知道如何激发杰夫的兴趣，把他带到投资中来。这样一来，梅根在跟经纪人讨论数据做交易时，杰夫就再也无法坐视不管了。他用艺术家的眼光来审视这项房产，从而产生了兴趣。

我曾把这个故事说给另一位女士听，她的丈夫对投资也不感兴趣。她说："太好了！我丈夫喜欢花园，他对我们家附近的每一座花园都品评过一番。现在我可以让他好好发挥才能了！"

埃德温的来信

埃德温在信中写道：

> 我让我的妻子和孩子对投资感兴趣的方法很简单，就是让他们参与。我们全家会定期玩"现金流101"游戏，孩子们和我们一起学习。每个周末我们都开车出去寻找房产。我们还喜欢玩"价格竞猜"游戏：猜猜房屋的实际面积有多大，卧室和卫生间有几间，价格是多少……然后我们拿起广告单，看谁猜得准。这是我们自创的游戏，每个参与的人都觉得很好玩。

莉娅的来信

莉娅耍了点小聪明：

> 我爸爸给我看《富爸爸年轻享受生活》，我一口气把它读完了。书中写的正是我想要的——实现财务自由。每天晚上我都试着向丈夫转述书中的一些观点（他不爱看书），但他不为所动。
>
> 我跟一位朋友提到了这事，他得知我们那个周末正准备开车出去旅行，那可是6个小时的车程，于是他把《富爸爸

穷爸爸》的CD借给了我。结果，在那6个小时里，我丈夫无处可逃，乖乖地和我一起听了CD。

上帝保佑……奇迹发生了！在接下来的旅程中，我们热烈地讨论了CD中的那些想法，还谈到了如何改变我们的生活。现在我们已经开始投资了，刚买下一套房产。

安德丽娅的故事

安德丽娅作了最后一搏，她讲了自己的故事：

我丈夫是马来西亚吉隆坡的一名股票经纪人，抱负远大，自命不凡。1998年亚洲金融危机后，他失业了，而且我们在股市中损失了一大半家产。

此后我们搬到了美国。我丈夫重回金融服务业，他说他一定要将我们在股市中的损失赚回来（又来了！），我则开了家小公司。2000年，我们的股票市值回到60%的水平，我催他快抛了。当然，他才不会听我这个"小媳妇"的话呢。他说我们得长线投资。俗话说，嫁鸡随鸡，我就没再坚持。两个星期后，市场暴跌，我们半生的积蓄几乎被一扫而光。

然后"9·11"事件发生了，我们所有的生意一落千丈。还欠下了大笔贷款，我们没有积蓄，无路可走。你能想象到当时我们家里那种紧张的气氛。这对孩子对我们自己都不利。

最后，我慢慢学会控制自己那些担忧、愤怒和不满的情绪。和许多女人一样，我将理财大权拱手让给我丈夫，因为是他在为我们这个家提供主要经济来源。但我请求丈夫听我一次劝，在生活的各方面都平等地对待我，当然也包括家庭的财务。我要求他在我们讨论钱的问题时别再防着我，别再发怒；我说我们要一起努力，停止争吵，请他不要奚落我的想法。我下了最后通牒——要么他同我一起努力，摆脱当前的财务困境；要么我们各自为政，互不干涉。我其实是冒险在作最后一搏，因为这对我们的生活，尤其对我们的孩子，意义重大。

令人欣慰的是，我赢了。最后我们一起为了家庭而努力。我不再是他的"小媳妇"，而变成了他的重要搭档。现在，我们已经走出了困境，在怀基基海滩有了8处出租公寓，另外还投资了两个地产开发项目。预计在两年之内，我们就能摆脱老鼠赛跑，实现财务自由。

我知道，如果得不到另一半的支持，你就很难达到财务自由。我也衷心地希望，你的另一半的觉醒过程，不至于影响你们的婚姻。

另一点想法

听了这么多人的故事之后，我脑海中自然而然地浮现出了两项建议。第一项建议是：尽可能让你的另一半参与进来。不管你决定进行何种投资，慢慢地让他了解你在做些什么、学些什么。起先，可能只是读读报纸上相关的文章，或者谈谈你听到的别人对当地房地产市场趋势的讨论。从许多人的经验来看，通过诱导，而不是排斥，就能成功地激发另一半的兴趣，让他一起参与投资。对许多夫妻来说，交流是个不错的方法。

第二项建议是：女性朋友们要勇敢地迈出第一步，争取主动权。有位女士说："我知道得由我来采取行动，相信我丈夫会跟上的。最后他确实跟上了，我的专注和热情劲儿感染了他。当他看到有钱入账时，就再也舍不得放弃了！"

你们在金钱方面的关系

看了以上这些故事之后，我想问大多数夫妻一个重要的问题，那就是："在金钱方面，你们的关系如何？"

换句话说，你们相互之间会不会开诚布公地讨论财务问题？是不是通常只由一个人作财务决定？你们一起讨论并作决定吗？你们两人是否讨论钱的问题？

问这个问题是因为，我相信，世界上最激动人心的两大主题就是感情和金钱。所以，如果能够将这两者结合起来，什么事都可能发生。毫无疑问，今天的大多数夫妻为之奋斗的头号目标就是——金钱！

"你想成为富人吗？"

我和罗伯特刚开始谈恋爱，他就问我："你想成为富人吗？"

我心想："真是个奇怪的问题，谁不想啊？"于是我说："我当然想啊，干吗问这个？"

他说："你可能会觉得奇怪吧，不过我确实遇到过许多女士，她们对努力赚钱嗤之以鼻，或者认为总想着致富很庸俗。许多人都觉得，金钱问题是不应该公开讨论的。真奇怪，每个人每天都要用到的东西，竟然会变成谈话中的禁忌，我真不理解。我的富爸爸说：'钱可能不是你生命中最重要的东西，但它影响着每件重要的事情！'它决定了你的医疗水平、你和孩子的教育、食物、住所等。我真不明白为什么人们不愿意公开谈论这个。我就想成为大富翁，所以也想知道你对金钱的想法，于是我就问了这个问题。"

对于这个问题，我们又接着聊了许多，我们描述了自己所希望的生活方式，讨论了在各自的家庭中是否会讨论金钱问题，小时候父母是怎样和我们谈论金钱的。家人对金钱的态度，常常会影响到你成人后与另一半的关系。还谈了金钱对我们各自意味着什么。

这是一次愉快的交谈，之前我从没跟谁聊过这个。许多问题都是我之前从没考虑过的，现在却变得如此新鲜、坦率了。当然，我的脑海中随之又产生了许多问题。

关键的一点是，了解了对方在金钱问题上的立场，使我们得以互相坦诚地讨论任何与金钱有关的问题。于是，笼罩在这个问题上的神秘面纱被揭开了。

如何谈论金钱问题

如果金钱还不是你们夫妻之间公开而坦率的讨论话题,那么你可能需要与另一半约个时间,开始谈谈。这里有一些问题,你们可以从回答这些问题开始:

- 在金钱问题上,你的另一半怎么说?
- 你自己的想法与父母的一样吗?
- 金钱对你来说意味着什么?
- 你怎么看那些非常富有的人?
- 怎样才算得上"非常富有"?

许多人由于种种原因不喜欢谈论金钱,所以,如果谈到钱时你的另一半有抵触情绪的话,没关系,慢慢来。这与其他令人不自在的话题没什么区别,你只要从各个角度都试试,就能找到有所反应的突破口。我发现,一找到突破口,其他问题就迎刃而解了。

给帕特回电话

我回电话给帕特,谈了谈我们上次在电话中没谈完的问题。我们谈到了他们夫妻俩平时怎么处理金钱问题。他们很少谈这些,这在我的意料之中。他管赚钱,她管支付账单,仅此而已。要是遇到大笔的开销,如买房、买车、度假等,他们才会一起讨论。不过所有投资都是她丈夫在做,包括购买一些共同基金,偶尔买一些他的股票经纪人推荐的股票,等等。除此之外,再没有其他关于金钱的问题会在帕特家里被提起。

"对我这个曾经的记者来说,这一次可能是最好的时机了,为了跟我丈夫真正坦诚地开始谈论金钱问题。"帕特说,"我得小心处理,不过确实是个不错的开始。"

我给帕特讲了一些像她这样开始投资的人的故事。我在说的时候,她在那头沉默不语,我知道她一定思绪万千。

"谢谢你给我讲这些,我总算有点头绪了。想到有这么多和我处境相同的女性采取了行动,真是太好了。本来我已经觉得没什么办法了,但现在又看到了曙光。我以前最害怕的就是这么做可能会使我们的婚姻产生裂缝,我为此苦恼不已。听了别人的故事我才知道,还是有路可走的,总能想到办法。我现在就要行动起来,不再傻等我丈夫回心转意了。如果理想的话,我将和我丈夫一起投资,这样我们就有了共同的目标,我们的婚姻也会更加牢固。如果他不参与,我也不会就此止步。我会告诉你进展情况的!"帕特充满激情地说。

帕特的声音充满了活力。我说:"祝你一切顺利!我知道你行,帕特,你决定了的事,就一定能做到。再见!"

挂上电话,我不禁想:我不用再为帕特担心了,她会做得很好的。现在让人担心的反而是帕特的丈夫,他妻子就要破茧成蝶了!

第十五章　为什么女人投资会更成功

在投资方面,我们女人无意于炫耀,只要能赚钱就行。
——艾维·贝克·普利斯特[①]

我们这些女人从小就被灌输了各种旧观念,现在到了该坚决摒弃的时候了。以前,我们可能还会相信女人和投资水火不容这种鬼话。(或者,就像我告诉某位男士我在写一本关于女人和投资的书时,他的回答:"女人和投资,这是互相矛盾的!你该写写女人和消费才对。"你信这种话吗?我再不理他了,要辩论的话我会找个聪明点的。他?差太远了。)

在谈到财务问题时,我们也可以装傻,我们可以假装糊涂;我们可以扮演男人(老板、丈夫,甚至是生意伙伴)身后的女人。但这些都是我们女人世世代代承受着的并一直为之抗争的旧观念!

[①] 美国女政治家,曾担任美国第34任总统艾森豪威尔的财政部长。

我们并非不聪明，实际上，我们所知晓的比我们所表现出来的多得多。另外，我们还具备独特的判断力，更不用说无价的直觉了。在过去，金钱、投资和财务确实与女性无缘——可那又怎么样？时代变了，并将继续变化，而且会一直变化下去。

不要再找借口说"理财我不在行"，或者"我对投资一无所知"。过去并不能代表什么，重要的是你今天的选择。

这是你的选择

就我看来，我们只有两种选择：

首先，承认你在投资和理财的世界里没有容身之处——只满足于平衡支票簿，付付账单。

其次，选择掌管自己的财务生活。

要知道，你的财务未来掌握在你自己手中，而不是其他人手中。在金钱问题上聪明一些，作些准备，然后采取行动，实现目标。

确实到了下决心的时候了（许多人都已经下了决心）。在进行投资之前，你可以尽情地谈论这个问题，尽情地思考这个问题，甚至尽情地研究这个问题。但不管怎样，你都得先作出明智的决定。我建议，现在就作决定。

作这样的决定吧：我是否要努力实现个人的财务自由？如果

不是，就意味着我同意让别人为我的财务状况负责……并接受由此带来的一切后果。而如果我愿意走上财务自由之路，现在就抛开所有的借口，开始工作。很简单，一切由你说了算。

作出你自己的选择！

向着未来前进

到此为止，我们已讨论了那些阻碍我们到投资的大海里去一试身手的理由、想法和误导信息。现在，是时候向着未来前进了！如何成为一名成功的投资人？如果你才刚刚起步，该从何处入手呢？如果你已经有了一些投资经验，怎样才能更成功呢？这些内容，正是本书接下来要讨论的。

好消息

先从好消息开始吧。这个好消息是，女人也能成为成功的投资人，这是有统计数据可以证明的，我接触过的世界各地的女性投资人也是很好的证明。每天都有越来越多的女性正在证明这一点。

我们来看看这些统计数据吧，女人是天生的投资人。一些事例如下：

● 美国国家投资者协会（NAIC）2000年的研究发现，自1951年以来，女性投资俱乐部的平均年收益达到32%，而男性投资俱乐部仅为 23%。
- 加州大学戴维斯分校的特伦斯·奥迪恩教授对投资行为的研究发现，女性的投资收益实际上要比男性高出 1.4 个百分点。
- 美国国家投资者协会 1995 年的研究显示,在过去的 15 年中，有 9 年的时间，女性投资俱乐部的表现都要优于男性投资俱乐部。
- 美林公司投资经理研究了男女之间的以下投资行为：

	女性	男性
紧抓失败的投资不放	35%	47%
等待很长时间才进行一项获利颇丰的投资	28%	43%
未经研究，就买入热门的投资	13%	24%
在投资中不止一次犯同样的错误	47%	63%

结论是：女人更懂投资。

男女大比拼

男人和女人谁更擅长投资？无数文章都探讨过这个问题。而提出的观点大部分都是某个性别比另一个性别更擅长投资，对此我不敢苟同。这与性别无关，就像歌唱家里既有名声赫赫的，也有默默无闻的；就像厨师也分三六九等；就像生意人既有一帆风顺的，也有遭遇惨败的。投资人也一样，既有成功的，也有失败的，因人而异，他的技能、学识和经历，决定了他在投资中是赢利还是亏损。

我在前面已经说过，对女人而言，我们在投资中占了一定的优势。许多我们做起来如鱼得水、游刃有余的事，正是成为一名成功的投资人所必需的。当然，我也知道并不是每个女人都拥有这些特性，但我们中间大多数人还是有这些特性的。我们得善加利用。

女人成为成功投资人的八大优势

优势1：女人不怕说"我不懂"

对我们女人来说，谈到投资时，我们的第一大优势就是，我们不怕说"我不懂"。遇到不明白的问题，我们更愿意虚心请教，承认自己不懂。自以为样样精通的人、怕出丑的人，永远学不到东西，永远不能成长。如果你想表现得无所不知，并且不懂装懂，你就永远不会向别人请教学习。正是那些害怕自己看上去愚蠢的人，实际上最愚蠢。

我朋友弗兰克85岁了，他是我所见过的最杰出的投资人和生意人。我最喜欢他的一点是，他就像个7岁的孩子一样永远充满着好奇心。他对每件事都感兴趣，总是不耻下问。有一天我和弗兰克在一起，别人介绍了一位35岁左右的年轻人给我们认识。

弗兰克问："你做什么生意？"

年轻人说："我在华尔街工作，帮助公司上市。"

"那肯定很有趣！多说点让我听听吧。"于是，在接下来的20分钟里，这位年轻人告诉了弗兰克他是怎么帮助公司上市的。弗兰克一言不发，只是好奇地听着。后来，他对我说："真是非常有意思。"

值得注意的是，弗兰克二十几岁就开始在华尔街工作了，许多公司都经他的手上市，而且他今天都还在做这项工作。他在这方面有着丰富的学识，但他仍然愿意花时间倾听一位新手的看法，因为他可以了解到一些新的想法。弗兰克是个极好的榜样，他从来不会表现出无所不知的样子，因此，他学到了很多。

我们女人的优势在于，可以充满自信地说"我不懂"，这种优势为我们打开了学习知识的大门。你可以在谈话时向对方请教："可以为我解释一下吗？我对这个不太熟悉。"阅读文章、收看电视时，遇到有不明白的，就上网或到图书馆去查一下。

我相信，有自信说"我不懂"是我们女人所拥有的最强大的学习工具，这确实需要自信。因为如果一个人不想让别人觉得他愚蠢而假装什么都懂，正是自信心不足的表现。所以，理直气壮地承认"我不懂"吧，你会有惊喜的收获。

优势2：女人愿意寻求帮助

我们女人的第二大优势是，我们比男人更愿意寻求帮助。

有一天下午我去了朋友玛丽和卡尔家拜访。当时卡尔正在卫生间里忙着焊补马桶，工具摊得到处都是。玛丽走过去问："卡尔，要不要打个电话问问水管工，看看问题出在哪呢？"

"不需要，"卡尔回答说，"我几分钟就能搞定。"

一小时后，卡尔从卫生间出来，看上去又累又丧气，他对玛丽说:"你打电话找水管工吧,问题比我想象的要严重。"

最后,水管工来把整个马桶都换掉了。卡尔说:"看,我说问题很严重吧。"水管工是他们夫妻俩的朋友,后来他私下告诉玛丽说,原来问题不大,只需要换个小零件就行,但卡尔焊补过,所以马桶已经没法修了。

玛丽从一开始就想打电话向水管工求助。生活中这样的例子比比皆是,比如,一对夫妇迷路了,妻子建议停下车问问路,而丈夫拒绝了,说:"我会找到路的,我肯定没走错。"在投资时也是这样,女人愿意问问路,寻求帮助。这有两大好处:首先,她们将学到新知识;其次,不会浪费无谓的时间。

优势3:女人是购物狂

大多数女人都是购物狂。这有什么关系吗?因为她们知道如何找到便宜货。购物与投资中寻找便宜货的方法大同小异——寻找价格低于实际价值的东西,买下它。

金融教育家、作家鲁思·海登说得好:"如果我们女人用自己在诺德斯特龙百货公司购物的方法进行投资的话,早就赚翻了。股票低迷跟服装大减价没什么两样。"

爱购物的女人们知道路易·威登手袋或唐娜·凯伦牛仔裤的价值,她们对这些商品了如指掌,很清楚什么时候该下手。投资方面也是如此,如果你熟悉并关心某些股票或附近的某套出租屋,只要好机会一出现,你就会看到。如果你不熟悉这些"商品",从没花时间了解过它们的价格,你就不知道某个商品或某项投资的真正价值。方法是一样的，找到价廉物美的项目，然后买下它，就这么简单。

优势4：女人会做功课

在"下手"之前，女人通常都会做些功课，她们一般不会买"热门货"。根据美国女性及退休研究中心的资料显示，在研究投资项目方面，女人花的时间总是比男人的更多，因此女人总能避免冲动投资，不会先买下"热门货"再说。而男人却常常这么做，结果损失惨重。

女人一般不会为"卖点"所蛊惑而投资，她们更愿意投资有实际价值的项目。

优势5：女人更善于规避风险

研究显示，与男人相比，女人更善于规避风险。我听到过有观点声称，女人不能成为成功的投资人是因为她们不愿意冒险。如果真是这样，岂不是件很糟糕的事吗？

对我来说，如果不太熟悉某项投资，或者感觉有点冒险，在掏腰包之前，我会花比平常更多的时间进行研究，多做些功课。如果女人确实更善于规避风险，正好可以引导她们对投资项目多做一些调查，以保证她们取得更大的成功——正如统计数据所显示的那样。

我们女人需要注意的一个陷阱是，我们对风险的警惕可能会让我们在做分析和研究时不知变通，通常这被称为"分析麻痹"。

这样一来，我们什么事儿也干不成了。要让风险成为一种优势，而不要让它麻痹了你！

优势6：女人没那么自负

肯定很多男人对这一点有意见。

在投资方面，女人不像男人那么自负。我认识的一些女性投资人都非常务实，脚踏实地，并且十分关注自己的投资收益。男人们在炫耀自己的投资时，总会表现出一些（或很多）自负或者虚张声势。而女性投资人唯一想夸耀的，就是收益。让我看看收益！正如美国前财政部部长艾维·贝克·普利斯特说的：

> 在投资方面，我们女人无意于炫耀，只要能赚钱就行。

全球投资学院的迈卡·汉密尔顿写道：

> 在这家培训人们如何在股票市场中积极交易的公司里，我看到了成千上万的男人和女人，通过不同类型的投资，奔向致富之路。我们客户中大约有80%是男性，但我敢打赌，最成功的投资人中有80%都是女性。
>
> 我为此百思不得其解，为什么在投资方面女人比男人做得更好？我无法忽略这些事实，女性投资人确实比男性投资人更成功。
>
> 但为什么呢？我想，原因很简单：自负，自负，自负！

男人的通病就是大男子式的自负！

男人们被自负牵着鼻子走，该抛出时偏要持有；担心错过好机会而匆匆买进；害怕丢脸而不向别人请教或求助。

换句话说，男人更愿意让自己看上去很强大、无所不知，更喜欢摆出一副成功人士的姿态。他们投资的不是市场上最好的项目，而是看上去很好（或看上去不错）的项目。

而女人更愿意开口提问，直到完全搞懂为止，并且，她们通常只对终极的目标（即赚钱）更感兴趣，而较少关注周围人的看法。

一般来说，人们认为投资就是投机和冒险。但实际上，大多数人都没有意识到，投资与人的情商密切相关。情商是客观思考某种情况、不至于过分感情用事的能力。而女人的情商普遍较高。

这一特性让女人成了成功的投资人。女人不会为了面子去投资，而是按计划投资。她们不会意气用事，不会在意别人的看法。

优势7：女人是培育者

在投资方面，女人更善于"培育"她们的投资。有一天，我和一位投资人聊起了她刚买下的一幢公寓楼。她自豪地告诉我，她是如何装修美化这幢房子的外观从而改善它给人的感觉的，她说房客都很不错，她都一一拜访过。她小心照料着她的房子和房客，她"培育"着他们。作为报答，她的房客纷纷介绍朋友来租房子。她的房子很快就被抢租一空,还有许多人排队等着租用,因此她能将租金保持在较高的水平。由于入住率高,租金回报丰厚,她这套房产的收益持续走高。

培育的过程包括与投资网络建立良好的关系,如经纪人、债权人、投资人、俱乐部和其他团体的成员、房客、了解该地区未来发展的人员、税务人员以及顾问,等等。关系网越强大,得到的信息就越多,在投资中,这些可都是无价之宝。

优势8:女人之间善于相互学习

这就是女性投资俱乐部越来越普遍的原因。这种俱乐部在世界各地如雨后春笋般涌现,是投资入门和进一步提高投资水平的好去处。

女人乐于分享,如果发现了好项目,她们愿意与朋友们分享。可能正因为如此,女性俱乐部才比男性俱乐部表现得更优异。女人一般都希望自己的朋友也能成功。

这一点的不利之处在于,她们有时会从没经验的朋友那里获取信息,并听从建议,因为"她是我朋友"。所以你得确定,与你交流投资信息的女性朋友是不是真的有自己的见解,是不是与你有相似的投资目标。否则,你就可能是在浪费时间。

举例来说,我朋友米歇尔来找我,说她想在凤凰城买一处出租屋。几天里,我们看了许多房子。我们在一个度假村找到了一套房子,周围绿树成荫,楼下就是游泳池,位于整个社区中最好的位置。收到的租金付完各种费用和按揭贷款后,她每月还能有

250美元进账,这对她来说是一处极好的第一处房产投资。她和卖主签订了协议,进入检查和筹款阶段。然后我去海外旅行了一个月。

回来后我打电话给米歇尔问:"你的第一处出租屋什么时候到手?"

她在电话那端沉默了半晌,然后说:"我决定放弃了。"

我倒吸了一口凉气,觉得有点沮丧,问她:"为什么放弃?这套房子不错啊。"

她解释说:"你走后,我和我朋友坎迪斯聊了聊,我告诉她这套房子的事,她说这是项非常冒险的投资。"

"她为什么说有风险?"我问。

"她说她有位朋友买了一处出租屋,但迟迟找不到人来租,最后亏了钱。所以她说,如果是她就不会买。"米歇尔说道。

沉默片刻后,我问她:"你朋友坎迪斯买过出租屋吗?"

"没有。"米歇尔答道。

"既然她对此一无所知,你为什么要听她的意见?"我不由自主地提高了声音,"这就像要一位素食主义者推荐好吃的牛排餐厅一样。如果你想请教别人,也得找对人才行,得找有实际经验的人来问!"

是啊,女人们确实能从朋友那里学到东西,只是你得确定,你所请教的那一位,对你想做的事是有经验的!

我喜欢女性投资俱乐部的原因也在于此,这些俱乐部中的大多数人都有着自己的见解,并且目标明确——从投资中赚钱!投资俱乐部大致可分为两类：培训型和信息型。我在前面已经说过，我强烈支持那些培训型俱乐部，女性朋友们一起在那里学习研究，互相分享投资经验，甚至互相吸取教训。

而对那些由成员集资共同购买某项投资的俱乐部，我敬而远之。原因是，除非每位成员都非常清楚彼此之间的协定，并且白纸黑字地签下了协定，否则大部分都将以失望和不快收场。我更喜欢那种与实际投资没什么关联的独立培训。

我们能做到，而且已经在做

投资并不是一件神秘的事，它其实很容易。关键是大部分女人应该转变观念，从"我不能"或"我不知道"转变为"我不仅能成为投资人，而且还能成为一名成功的投资人！"

我要和你分享一个小秘密：一旦我们进入投资的游戏，就会发现它非常有趣！我曾一次又一次地听到女性投资人激动地说："真不明白我以前在怕些什么，我爱这种游戏！""我后悔没早点开始！""赚钱的感觉真棒！""我等不及想进行下一笔投资了！""我学到了很多！"

你现在明白了吗？成功的女性投资人有很多！先不说这个。就说现在，越来越多的女人正在成为投资人，她们在向世人证明：我们精于此道！赚钱乐趣无穷，学习和成长乐趣无穷，自我的觉醒同样乐趣无穷！最重要的是，我们掌控着自己的生活——因此，我们有更多的选择和机会。这种感觉强大而自由！

第十六章 "我准备好了!"

> 思想是一种力量,既能打造世界,又能摧毁世界。
> ——苏珊·泰勒

目前,我们"夏威夷帮"唯一没有消息的是玛莎,我想联系她,看看她过得怎么样。

"你好,我是玛莎。"我打电话过去,她接了。

"嗨!玛莎,我是金,你夏威夷的老友。"

"听到你的声音真是太高兴了。上次没能去参加聚会,我真遗憾。我给帕特和莱丝莉打过电话,事儿太多了,本来你们在公园聚餐时我想打电话给你们的,结果又让事儿给耽搁了。"她抱歉地说道。

"没关系,现在有时间聊几句吗?"

玛莎犹豫了一下,说:"好啊,现在正好有空。"

"我们上次没通电话,我只是想问候你一下,跟你聊聊近况。我们好久都没联络了。"我说。

电话那头没声音了。"玛莎？你在吗？"我问。

"在，我在。"她说。

"我不太愿意和你们见面，因为我目前的处境不太好。老实说，我现在的生活与我当初在夏威夷时想象的截然不同。帕特和我说过一些你们的故事。老实说，我对自己目前的境况感到很难为情。"她坦率地说，"还记得吗？我当时多想成为一个顶级的海洋学家啊！"

"我当然记得。"我回答道。

"可我只做了两年海洋学家，我爸爸打电话给我说他们需要我回去帮忙打理家里的生意。他的高级经理离职了，他当时很困难。他告诉我说只需要帮他几个月，等找到新的经理就好了。我从小耳濡目染，对家里的生意很了解，但我对做生意不感兴趣。不过，出于孝心，我还是决定离开夏威夷，回家帮几个月的忙。我也不知道怎么搞的，几个月一晃就过去了，然后是1年、3年，到现在我都还在这里。我爸爸7年前把公司卖了，但没赚到多少钱。本来他们从此可以安心养老了，没想到卖掉公司后不久，我爸爸就病了，求医问药花掉了不少积蓄，最后还是过世了。我现在打两份工，勉强过活。"

"帕特说你妈妈病了，她还好吗？"

"是啊，她现在还好。但爸爸去世后没留下什么钱，她只得搬来和我一起住了，我是独生女嘛。所以我现在得打两份工，养活我们两个。妈妈年纪大了，身子骨不结实了。我们有保险，但远远应付不了开支。所以这几年过得很艰难。"

"让我吃惊的是，刚开始时我还对自己的生活状态很满足呢。当时我回到圣地亚哥后，一切都很如意，我不用付房租，帮爸爸打理生意还有收入。我有一辆车，还有一套海边公寓，想冲浪时就去冲浪，过得非常舒服。我想这就是我留下来的原因吧，太舒适了。"

她继续说："但在舒适的生活中，我发现了两个大问题：第一，我总在想，如果我当时没有放弃那份海洋学的工作，现在将会是什么样？一想到这个我就觉得非常遗憾。第二，安逸的生活到现在似乎成了一种困境，那时我每天就过着这样的生活——想冲浪时就去冲浪，尽情玩乐，把赚到的钱花得精光。现在，这种日子一去不返了，我得面对未来，而且现在看来，前景不容乐观。所以我很抱歉，这就是我不想去参加聚会的原因。我现在处境艰难，生活没什么乐趣可言。"

"我能理解你的感受，我相信我们的友谊不至于这么淡薄。"我安慰她。

"谢谢你，我只是不知道现在该怎么办。"

玛莎听上去灰心丧气的，所以我趁热打铁问她："那我问你，你想摆脱这种困境，做些改变吗？"

"当然想！必须改变了，我不能再这样下去。但我找不到出路。"她答道。

"如果我送你一本这方面的书，你会看吗？"我问。

"当然会。"

"那我寄给你吧，读完后打个电话给我，我们聊聊这本书。我并不是说你能从书里找到答案，但如果书中的内容能激发你的一些兴趣，那至少是个好开头。"

"我会读的，"她肯定地说，"收到后我马上就读。"

然后我们挂了电话。我寄了一本《富爸爸穷爸爸》给玛莎，等着听她的回音。

"我准备好了！"

大约一个月过去了，还没有玛莎的消息。我想打电话给她，但转念一想，如果她真的希望改变自己的生活，就得自己迈出这第一步，我没法替她代劳。

正在这时，我的手机响了，是莱丝莉，她听上去很激动。"好了，我准备好了！"她大声说。

"准备好什么？"我问她。

"准备好为我自己的财务未来学必要的知识，做必要的事。"她说，"我不想再整天混日子了，我受够了。我准备行动了，这不是嘴上说说而已，我是当真的。"

"我听得出来你是当真的，"我回答，"怎么突然决定这么做了？"

莱丝莉说："几个月前，我在佛蒙特州指导一个为期两天的美术班，我们要带着画具到美丽的佛蒙特乡间写生，这是我最喜欢的。我把一切安排妥当，专门选了一个美丽的秋日，我对这次活动非常期待。可临行前的一天，我工作的那家画廊的老板打电话说,他们要为一位知名画家举办画展,得让我回去准备。虽然他没明说,但我能听出他的言下之意,要么明天回去工作,要么再也别在这儿工作了。"

"那你是怎么做的?"我问。

她继续说道:"我没得选择,只能回去为画展做准备。所以不得不取消了佛蒙特的计划,第二天准时出现在画廊。我当然明白当时事出紧急,不得已之下才改变计划,但那一瞬间,我强烈地感觉到我对自己生活的支配权真的少得可怜。罪魁祸首就是钱!而且这种情况经常发生。我豁然开朗,我不想再退缩了,我要一往无前。"

"哇,真为你高兴,这么说来,取消写生课这件事帮了你的大忙,改变了你的看法。"

"是啊,我也这么想。"她若有所思地说。

"那你准备怎么做?"我问。

她兴冲冲地说:"我的想法是这样的,你先听我说完,仔细想想,再告诉我你愿不愿意。"

"你是让我听你的想法吗?"我有些不解。

"我想是的,先听我说。"她兴奋地说道,"我们安排两天时间,邀上我们夏威夷帮的姑娘们,一起飞到凤凰城,与你一块儿待两天。你呢,告诉我们你是怎么开始投资的,以及怎么发展投资的。你觉得怎么样?"

这次轮到我沉默了。"你看,我也是边干边学的,当然也没有面面俱到的答案。而且我也并没有按照大部分理财'专家'所鼓吹的传统投资策略进行投资。我喜欢从一些杰出的人那里学习，现在我身边有许多聪明的投资人，在我投资的过程中，每天都能从他们那里学到东西。"

莱丝莉打断我："我知道，我想学习你的策略，然后自己继续学。在我听说过的所有策略中，你那一种对我来说最有意义。虽然你现在身边有很多人让你学习，但你开始投资时他们还没出现吧。你说过你是白手起家的，这正是我目前的处境，我一无所有——除了强烈的学习和投资的愿望。所以，回顾一下，你是怎么做的？怎么迈出第一步的？你说过，女人之间能更好地相互学习，因此我想，我们是不是可以组成小组，学到更多。而且在这种氛围里，我们可以随心所欲地提问，不像我参加过的有些投资讨论会，只有那些想显摆自己多聪明的人才提问。这样我们都能相互学习。"

我笑了："你以前说你不是个好推销员，这一次的课程推销就做得不错嘛。"

"那你是同意了？"她追问道。

"我同意，但有两个条件。"我说，"第一，两天的聚会只接受真正想学东西的人。如果只是过来与我闲聊，最好不要来。学习的意愿，或者说更重要的、采取行动的意愿，必须是发自内心的，不能靠别人说服。"

"好主意，我得看看她们是否真心想学。"她赞同道，"第二个条件呢？"

"第二，不管谁真心想学，都得明白投资没有魔法公式，没有万灵丹能保证你们在两天之内成为超级投资人。每个人都必须知道，投资是一个过程，需要做大量的功课，搜集大量的资料，才能成为精明的投资人。我不希望她们抱有不切实际的幻想。你能保证让她们明白这一点吗？"

"行！我们可以定日子了吗？"莱丝莉催促道。

我笑着说："可以，'我不懂销售'小姐！"

我告诉莱丝莉我和玛莎通过电话，我让她也邀请玛莎一起参加。"真有意思，我正想着玛莎呢，结果你打电话来了。一个月前我寄了本书给她，还没听到她的回音呢。"

第十七章　行动起来，你便成功了90%

尝试做些什么——亲自尝试过，我们才会更勇敢。自信就是这么锻造起来的。

——乔伊·布朗[①]

伍迪·艾伦曾说过："行动起来，你便成功了90%！"我非常赞同这种说法。许多人说要减肥，但真正去健身房的又有几个？有些人说要为社区多出点力，但又有谁出席了城镇议会？我们许多人都说过要做点什么改善生活，但真正行动了吗？

所以，我担心，有谁会来参加我们那两天的投资培训会。莱丝莉负责组织，她通知她们，如果想参加，就在周五上午9点到我家集合。"她们都说要参加。"她向我汇报。

"看看谁会到场再说吧。"我说。

[①] 著名临床心理学家，她开创了"亲密关系"心理治疗工作坊。

周五上午9点

咖啡端上桌了。莱丝莉8点半就到了,带了些水果和松饼。"我没有强迫任何人。"她向我保证说,"我只是告诉她们我们要做些什么,也告诉了她们怎么到你家,并说不用回电话给我,如果她们认为重要,就来参加。"

"她们都说要来吗?"我问。

"是的!都说要来,甚至玛莎也是。她们都说非常希望参加。"

我倒了两杯咖啡,继续和她聊着。9点差几分时,门铃响了。我们两个兴奋地互相看了一眼,像两个准备乘过山车的孩子一样,期待着令人激动的一刻,门外会是谁呢?我们赶紧跑出去打开门。

"嗨!路指得不错,莱丝莉!出租车司机一下子就找到了地方。很高兴来到这里!"特蕾西有点上气不接下气。

"特蕾西,看到你真高兴!"我热情地说。

"看到我你好像很吃惊啊。"她说,"你认为我不会来吗?我一定要来的,特别是发生了上星期的那件事后。"

我们向厨房走去。"发生什么事了?"我问。

"还记得吗?我说过我担心我丈夫的公司被收购后,他可能会被炒鱿鱼。"她提醒我们说。

我们点点头。

"上星期五,公司就发通告了。"她说。

"我们公司将与另一家公司合并的消息传了快一年了,但最近听说合并失败了。所以，星期五下午 CEO 把我们叫过去说，合并取消了，但公司被卖给了我们最大的竞争对手！CEO 安慰我们说，变动在所难免，但是保证说不会裁员。但我们怎么可能不紧张呢？"

"你觉得会发生什么事呢？"莱丝莉问。

"我不知道，但是告诉你们，上个星期我几乎成了行尸走肉。肯定会裁员，所有的收购案都是这么做的！公司里人心惶惶，大家都担心自己会失去工作。这太可怕了。另外，因为从上到下没人知道未来会怎样，所以也没法决定什么。每个人的生活似乎都被扼住了咽喉，真郁闷。我不知道该怎么做，但你们这两天的安排太棒了，我感觉这是我唯一能够自己控制的事了。天知道我的工作会怎样。"

"哟！敲响警钟了！"莱丝莉说。

"好像有人在敲门？"特蕾西问。

我们聊得正起劲，竟然没听到有人在敲门。

"看看是谁来了。"我笑着说。

我们 3 个一边走过门厅去开门，一边猜想会是谁。我打开门。"真是不敢相信啊，我迟到了 10 分钟！我总能把时间算准，从来不会迟到的。"帕特道歉说。

"请进吧，帕特！"我说，我们拥抱了一下，回到厨房。

我们边喝咖啡边聊天，还享用着水果和松饼，一直到 9 点 45 分，看来就我们几个人了，再没其他人参加。

玛莎怎么了

后来我才知道玛莎怎么了。还记得玛莎吧，就是急于要改变现状的那位。她答应读我寄给她的书。莱丝莉当时也说，她保证会来参加这两天的聚会。看来她从未翻过《富爸爸穷爸爸》，从没迈出改变的第一步。我想她根本不想来这里和我们相聚。她说了不少，却毫无行动；她想改变生活，但又不愿意做点不同的事。她安于现状。就是这样。所以我发现，应该与真正想学习的那些人一起工作，这很重要。否则，就像一句我所喜欢的谚语说的那样：

不要教猪唱歌，你浪费了时间——猪也不高兴。

许多人和玛莎一样，嘴上说要怎样怎样，但从来没有行动。真正的问题是：你愿意为自己想得到的东西而努力吗？不过我自己也常常这样，比如说写这本书，开始写之前，我说要为女性写一本关于投资的书，说了3年，但一直没有行动。我说要写，却没动笔；我说要写，却总是太忙。最后一些非常要好的朋友不太客气地打电话催我。一位好朋友问："拜托！你到底还写不写？！"另一位说："说到现在了，书在哪里呢？"

卡罗尔怎么了

另一个只有想法没有行动的人是卡罗尔。卡罗尔帮罗伯特处理过一些事务，还帮我打理过账目，因此成了我的好朋友。我们每月开两次会,分析我们的财务状况。我们仔细核对所有数字,她能从中看到我们买下的不同投资项目和出租屋,每次在会上她都会问我一些投资的问题。这种情况持续了大约两年。

在一次会上她又问我:"我有个投资的问题。"我打断了她,说:"别再问了!你都问了我几年了,可你采取什么行动了吗?你投资了什么没有?"

"没有。"她回答。

"所以,别再问了。"我说,"我不想再回答投资的问题。在你采取实际行动之前,我不想再和你聊投资。等你有了第一项投资后,我们再聊这个话题。"

两星期后的会上,卡罗尔自豪地带着一张清单来开会——上面列出了她购买的第一批股票。她说:"我买了股票,现在我们可以谈谈投资了。我还想买些出租屋,我保证在买下第一套房产前,不会问你关于房地产的问题。"

她没有食言,当月,她就找到了一套小房子,开了个价,对方也接受了。她自己的钱不多,所以找了一位她认识的投资人,问他是否愿意和她合伙投资。那位投资人同意了,于是卡罗尔开始了自己的投资生涯。此后,她买下了许多其他的投资项目,包括单身公寓和独立产权公寓,还有一些公寓楼。现在她是个非常积极的投资者,我们无话不谈。

后来卡罗尔对我说,她原以为,问这么多问题就已经是在采取行动了。当她意识到两年过去了,自己还没有什么成果时才恍然大悟。通过一次又一次地提问,她相信自己已经"进入游戏",

但这正是她不采取行动的借口。

这个故事告诉我们，说了就要去做，去亲自尝试，采取行动。

贾妮斯怎么了

我们正准备离开厨房去书房时，电话响了，是贾妮斯。我按下免提键，让大家一起听。

"我打电话来是要告诉你们，我想你们！"她大声说，"我知道我应该去和你们聚会的，但现在我有好消息了！"

"什么好消息？"莱丝莉问。

"你们知道的，我不止一次地说过我是那种不适合和男友一起长期生活的人。现在不同啦，我遇到了真命天子！他叫格雷格，我们刚认识，真像一阵旋风一样！我简直不敢相信这话会从我嘴里说出来，但我想我真的恋爱啦！"她连珠炮似的蹦出一长串话。

帕特差点从坐着的椅子上摔了下来："你？'说一不二'小姐恋爱了？真不敢相信在你那里听到这样的消息！肯定很激动人心吧，说说他是怎样一个人？你认识他多久了？"

"3个星期。"她回答说，"时间不长，但我是认真的。我们在离我办公室不远的咖啡馆相遇，当时我正排队想买杯卡布奇诺，他走了进来。我们互相看了一眼，最后他走到我跟前，我们就开始交谈了。"

"你了解他的情况吗？他是做什么工作的？"特蕾西好奇地问。

贾妮斯有些扭捏地说:"我们还没谈那么多呢,他刚刚经历了一次生意上的失败,我想他可能还不太想谈这些。我只知道他在不同的公司工作过,主要做销售。现在是他的过渡期,他想好好规划一下未来该怎么做。他非常聪明,很有商业头脑,脑子动得很快。他对我的生意非常积极,甚至还说要和我一起干呢。我越想越觉得这个主意太好了,一个人打拼太累了。身边有个人帮忙出出主意,分担一些,是最好不过的了。"

"这次不能赶过去和你们聚会,是因为我们要飞到旧金山共度浪漫周末。"她解释说,"这是他的主意,他订了旅馆,在一家很火的意大利餐厅订好了位子,这家餐厅的预订名单都排到3个月之后了呢。他安排好了一切。"

特蕾西忍不住问:"你说他在过渡期,这究竟是什么意思?"

贾妮斯解释道:"据我所知,格雷格上次的生意遇到了点挫折,他开了家咨询公司,经营了一年左右,后来他和合伙人之间有点矛盾,于是两个月之前,他离开了公司,现在正考虑下一步该做什么呢。我自己也是做生意的,我知道有时候确实很难。显然在过去的这一年里,他的公司没什么进账,正准备关门大吉。如果他知道我跟你们说这些,会感到难堪的,但他现在手头确实有点紧。我们都经历过挫折,我不介意在经济上暂时帮帮他。"

莱丝莉天真地问:"那你们去旧金山度周末谁埋单?"

"我。刚才我说过,我不介意在他落魄时暂时帮他一把。他确实非常聪明,所以我才会觉得对我来说是个好机会。我问自己,格雷格离开自己的公司,可以来帮我,不正是我找到生意伙伴的绝

199

佳机会吗？一切都那么顺理成章。"

"我知道这听起来很疯狂，"她说，"这一切发生得太快，但我们确实已经在讨论让格雷格搬来和我一起住的问题了！我以前从没考虑过和别人一起生活。我是不是疯了？"

"你是疯了！"我们在电话这头异口同声地说。

"我知道，我知道，我又兴奋又紧张！"贾妮斯热切地说，"我得走了！得去机场了。祝你们聚会开心！再见！"

我挂上了电话，我们4个人面面相觑，说不出话来。

特蕾西打破了沉默："我没听错吧？贾妮斯刚才说这个她刚认识了3个星期的男人没有收入？她支付一切开销？他可能还要搬去她家？听起来她虽然不了解那家伙的行业背景，却要和他合伙做生意？我一定是听错了吧？"

"这姑娘到底怎么想的啊？她没有判断力吗？"特蕾西用一种难以置信的语气问道。

"人们都说，爱情是盲目的，这就是个极好的例子。"我说。

"我想时间会证明一切的。"帕特说道。

"我怎么觉得他像个吃软饭的呢。"特蕾西说。

我们都有点怀疑。

"另外，我们为一个男人浪费这么多口舌！"特蕾西恼怒地说，"我讨厌女人这么做，多傻！"

帕特低声说："可能他只是外表英俊吧。"

"可能他又英俊又年轻。"莱丝莉加了一句。

"可能他英俊、年轻，还有可能继承百万家产！"我补充道。

"这倒还说得过去。"特蕾西笑着说。

我们想象着贾妮斯的完美男友,都笑了起来,但内心不禁为她担忧起来。

第十八章 开始行动吧

> 只要你敢于从头学起,任何时候你都能学到新东西。如果你真的能够像初学者一样开始学习,整个世界将为你敞开大门。
>
> ——芭芭拉·薛尔[①]

我们4个出了后门,向工作室走去,工作室是由客房改装的,我们将在这里度过接下来的两天时间。我们在大会议桌前坐下,会议桌中央放着一个便笺本和几支钢笔。

"感觉很正式啊。"莱丝莉评价道,"我们从哪里开始?"

你的理由

"先来说说你们来这里的理由吧,还有为什么你们决定采取行

[①] 美国当代临床医学家,著名职业生涯规划师,她开办的职业生涯工作坊遍布全美。她的生涯发展指导书《过你热爱的生活》被译成多种语言,畅销百万。

动、实现财务自由。"

"我进门时已经说过了,"特蕾西第一个开口,"可能我们公司被收购对我来说反而是件好事,因为这迫使我清醒地面对一个事实:到目前为止,我在许多方面都无法控制自己的生活,尤其在工作和金钱方面。收购通告发出后,我意识到,我实际上是在等着陌生人来决定我的未来。他们随时可以把我撵走。所以我的理由是,我再也不想在这种处境下过日子了。这是我自己的生活,从现在开始,我要决定自己的未来。第一步就是要掌握我自己的金钱。我现在明白了,为了那点薪水,我实际上一直被金钱控制着,而不是我在控制它。"

接着莱丝莉说:"我上次和金聊过我的理由,很简单,因为我想画画。我对画画如此着迷,拿着画笔站在画架前,我就感到快乐、自信、满足。但是工作花掉了我太多的时间,而我做自己喜欢的事的时间已经越来越少了。这就是我的理由,再简单不过了。"

我们都转向帕特,我很好奇她会说些什么,因为说实在的,她今天到这里来,让我很惊讶。

帕特平静地说:"我们第一次聚餐之后,我想了很多。那次午餐过后,我才意识到我一直都在陪伴别人实现他们的梦想和目标,而不是我自己的。我支持丈夫的事业,照顾孩子们的生活,却把自己的生活抛在脑后。纽约那次聚餐后,我决定重新审视自己的生活,并问自己真正需要的是什么。答案让我自己吓了一跳。

"我们那次关于投资的谈话引起了我的兴趣,你们知道,我总爱刨根问底。我开始上网了解投资，投资的世界简直令我着迷。我去相关网站学习股票、股票认购权、房地产、私营企业投资、贵金属等，我在电脑前查看这些资料，一坐就是几小时。但这些都是我私下进行的，我没和任何人说起，包括我丈夫。然后，问题来了，我以前说过，我们家所有的重大财务问题都由我丈夫拍板，我担心跟他商量这些投资的尝试，他不但不会当回事儿，还会为钱跟我大吵一架。

"最后我决定照实告诉他。我真的做到了。我告诉他我的想法，以前我总是为别人考虑，现在我想为自己做点什么了。这么长时间以来，我第一次想作些改变。我告诉他，我犹豫了很久才开口和他谈我们的财务问题，因为家里一直都是他管钱。我向他解释我在网上学到的东西，并告诉他我要把投资作为全职工作来做，而不是业余爱好。我说要学的还有很多，希望他能支持我。然后我屏住呼吸等他的反应。"

"他同意了吗？"我问。

"要是这么简单就好了，"帕特答道，"没有，他还没有完全支持我。但我想，最终他会支持我的。我对此深信不疑，所以即使没有得到他的肯定，我也要一往无前。他是那种信奉眼见为实的人，看到投资结果之后，他肯定会支持我的。现在，工作就已经让他够累的了，我敢说，工作对他而言已没有什么乐趣可言，他自己也很清楚这一点。工作的时间越长，他就越感到厌烦。我想让他看到另一种选择、我认为更好的选择。所以，我实际上不仅是在为自己投资，我也在为他投资。我深信从长远的眼光来看，这将巩固我们的婚姻,成为我们最大的收获。"

"哇,这真好,"莱丝莉拍手叫道,"祝贺你!"

"听起来我们3个人的理由都很充分。"特蕾西说。

"是很充分,"我赞同道,"也必须充分,因为你们的理由将支撑你们度过那些困难的时光,比如事情未按计划进展啦,失去信心啦,别人的质疑啦……放弃总是很容易。你们都找到了强大的投资动机,好极了!"

你目前的状况

"在向目标进军之前,你得了解自己目前的状况,"我说,"没想好目的地就上车怎么行?要么哪儿也去不了,要么只能整天兜圈子。"

"所以,下一步需要做的事情,就是搞清楚你现在处于什么位置,特别是在财务上的位置。你目前的财务状况如何?我这里有种简单的方法。"我告诉她们。

"最近一次聚会时我和贾妮斯讨论过,首先得计算出你有多富有。"

"哦,打住吧,我已经够郁闷了,"莱丝莉抱怨道,"'富有'并不是一个可以用在我身上的形容词。"

我笑了:"对于财富的定义,我是这样理解的:如果你今天停止工作,你的经济状况能够支撑你几天?换句话说,你的富有程度是几天、几个月、几年?"

我们重复了一遍之前我和贾妮斯进行过的那个过程，计算各自的财富（详见第十一章）。以下是她们的计算过程：

第1步：帕特、特蕾西和莱丝莉列出了她们每人每月的支出清单。

第2步：分别将自己的存款、目前可变卖或流通的大额可转让定期存单、股票，以及投资带来的现金流相加。

第3步：用收入（第2步）除以每月开支（第1步），算出你的财富。

算完后，她们开始发牢骚。

"我不知道这数字代表什么意思，但看起来不太妙。"莱丝莉懊恼地说。

"我的数字是7.2，这是什么意思啊？"特蕾西问。

"这表示你的富有程度为7.2个月，如果你从今天开始不工作，你的财富能够让你生活7.2个月。7.2个月之后，你得开始赚钱。"

"还不如一次大假的时间长呢！"特蕾西哭丧着脸说。

"要是我像你这样，就不抱怨了。"莱丝莉抢白道，"我的数字是0.6，连一个月都不到！这个测试我大概没法及格了。"

我笑了："这个测试没有对错之分，你的答案只是你的答案。这个步骤的目的只是帮你弄清楚自己目前的状况，就这么简单，现在你们都明白了吧？"

帕特插话说："我不太清楚家里到底有多少存款和投资——

看看我多不了解我们家的财务状况——不过我尽力算了算,估计我们的富有程度是 10 个月。因为我假定我丈夫将继续工作下去,所以看起来还不赖。但如果他出于某些原因不能工作了呢?那在我找到其他收入来源之前——比如找份全职工作——时间可就不多了。而像我这样一个离开了新闻行业 17 年的记者,要找到一份能够保持家里目前生活水平的工作谈何容易!"

你的计划:你想达到怎样的目标,以及如何达到目标

"现在,你们都对自己的状况很清楚了,祝贺你们。"我说,"下一步是确定你们的目标。但在确定目标之前,还有两个问题要回答。"

"什么问题?"帕特问。

第一个问题

"第一个问题是:你是为了资本利得还是现金流而投资?"我问她们,"我们以前讨论过的,还记得吗?一般来说,投资要么是为了获得现金流,要么是为了赚到资本利得。如果你投资股票,那你主要关注的是资本利得。你希望股价上涨,这样就能以高于买入的价格抛出。如果你买下一套房,装修好,并立即卖出,那你的投资也是为了资本利得。但如果你买房后并未转卖,而是将它出租,那你的这笔投资就是以获得现金流为目的。你持有股票分得的红利也属于现金流投资。"

"就我个人而言,我更喜欢现金流。我不用工作,就有现金流入账,我自由了。我只希望买入或创建每月能带来现金流回报的资产。这是我遵循的法则。"

特蕾西说:"我很明确自己下半辈子不想再工作了,至少不想做现在这样的工作了。如果我买入并持有每月能带给我正现金流的投资,并不断这么做的话,我将积累起越来越多的财富。

"最后我就不用工作了,因为只要我还拥有这些投资,每个月就不断有现金流入账。

"而另一方面,如果我买的都是赚取资本利得的投资,那我必须将它们出售,才能得到钱。这样一来,为了增加收入,我就得不断地买进卖出。可是这样的话,我赖以生活的钱就变得非常有限,于是我得积蓄一大笔钱来养老。实际上这是两种不同的策略。"

"就是这个意思,"我说,"但请理解这一点,我并不是说某种策略比其他更好。现金流只是我所遵循的法则。我从1989年开始为现金流而投资,到1994年,投资所带来的现金流,让我和罗伯特达到了财务自由。我并不是说我们借此积累了大量的财富,而是说我们达到了财务自由,这样我们就可以做自己真正想做的事了。"

"我还想再说一点。我的第一项投资是房地产,为什么?因为我爱房地产,我喜欢看着自己的房产,分析这些房产。我喜欢寻找这些房产的优势,思考怎样物尽其用。当然,我还喜欢现金流。你们也应该寻找自己喜欢的投资类型,否则很难成功。

"我有个朋友,一年多来我一直在鼓励她投资房地产,但她迟迟不肯出手。有一天,她偶然参加了一个股票认购权交易讨论会,结果听得入了迷。现在她是这方面成功的投资人。她喜欢这种投资,由于喜欢,她做得很好。所以,要选择最适合你的、你喜欢的投资,这很重要。"

第二个问题

然后我总结道:"所以,你需要回答的第一个问题是:你是要现金流还是资本利得?第二个问题是:你的目标是什么?"

"我的目标是要百分百自由!"莱丝莉脱口而出,"我很清楚地知道这一点,我不要大房子,不要豪华车,我只要画画。我讨厌为钱烦恼,讨厌被叫去工作。我只希望在经济上没有后顾之忧,如果我不想工作,那就不用工作。我决定好了,我选择现金流投资,我只希望有足够的现金流来支付我的生活开销。我算过了,我每个月的生活开销为 5200 美元,也就是说,每个月我需要 5200 美元现金流。这就是我的目标。"

"目标很明确。"帕特说,"我知道你们可能会觉得我现在说的这些听起来不太像我,但我真的没有想好目标就到这里来了。我只是想开始投资,逐步壮大。但现在,通过计算我才发现,我丈夫的薪水和我们的存款,只够维持一年的生活,所以我不得不重新考虑这个问题了。谁知道未来会怎样?要是发生一点意外,我什么准备都没有。我得更认真、更严肃地看待这个问题。"

如何达到目标

"现在我已经确定目标了,怎么才能达到呢?"莱丝莉急切地问。

"功课就从这里做起,"我回答说,"现在该由你们来为达到目标制定计划,你们想以哪种方式达到目标?投资的类型有许多种,而你们的第一项任务就是,找出自己感兴趣的投资。自己不感兴趣的东西学起来是最累人的。这让我想起了自己被迫学习三角几何的高中时代。我不知道出了校门这些知识还有什么用。"

"估计这也是我生物老及不了格的原因,"特蕾西老老实实地说,"我最怕解剖青蛙了。"

帕特插进来:"有件事说出来你们肯定会笑话我,我这种人就专会干这事儿。前几个月,我搜集了一些不同的投资类型,然后把它们用邮件发给金了,她又加了几项上去。今天我给大家带来了。"

莱丝莉说:"我们不会笑你的,帕特。这真是太好了,谢谢你!"

以下是帕特的投资清单(除了清单里列出的,还有许多其他类型的投资,下面这些仅供参考)。

投资类型

房地产

单身公寓
多单元房产(从两个单元以上的房产到大型公寓楼)

写字楼

商业中心/商铺

仓库

储藏室

生地①

纸资产②：

股票

股票认购权

债券

共同基金

长短期国库券

对冲基金

私募股权基金

商业机构：

私营企业（你既可以积极参与企业的经营，也可以只投资而

---

①指完成土地征用、未经开发、不可直接作为建筑用地的农用地或荒地等土地。

②本书作者认为，资产可以分为两大类：纸资产和硬资产。纸资产如股票、债券、外汇或现金；硬资产如土地、黄金和石油等。

不参与经营。)

特许加盟

网络营销(创建生意后,通过下面的分销商而得到被动收入。)

商品:

贵金属

汽油

石油

小麦

糖

猪肉

玉米

其他

外汇

税务留置权证

发明

知识产权

水权和空气权

(提示:本书最后的术语表中列出了这些投资项目的定义。)

"帕特指出了3种主要投资类型：房地产、纸资产和商业机构。"我解释道，"还有许多其他类型的投资，这份清单只列出了一部分。你甚至还可以投资未来的体育明星。许多运动员如果得不到财力支持，就无法进一步发展提高，投资人可以为他们提供资金进行必要的培训、旅行和比赛。如果运动员得奖，投资人就可以分到一部分奖金。"

"这么看来，什么都能投资。"特蕾西说，"那你找到了自己喜欢的投资类型之后，该怎么制定计划呢？怎么来想办法'达到目标'呢？"

"问得好，通常人们一听到'制定计划'，就会弄出一个很复杂的计划，其实没必要。"我向她们解释，"'如何达到目标'指的是决定下面这些事：

- 主要进行哪种类型的投资？你可以进行多种类型的投资，但根据我的经验，将大部分时间和精力集中在某一种类型的投资上最容易成功。

- 这种投资类型下又有那么多资产种类，该集中投资哪一种资产？比如，如果你投资股票，你准备集中投资哪种股票？你准备专攻哪一方面？拿我来说，如果投资科技股，我会输得惨不忍睹，因为我对科技一点兴趣也没有，我对它们一无所知。如果我要投资股票，我会重点关注地产股。如果你们想投资房地产，也有单身公寓、公寓楼、写字楼、商业中心等可选。尤其是在刚开始投资时，要选一项可以使你专心投入的资产，重点研究。对这项资产了如指掌之后，再选择你想关注的下一项投资。

● 该怎么安排达到目标的时间表？从小目标到大目标，怎么安排时间表？

"这就是'如何达到目标'的核心所在。"我总结道，"只要你喜欢，当然也可以安排得复杂一些，但我要提醒你们，过于冗长、细致的计划，往往会让自己望而却步。"

"你刚开始时是怎样计划的？"莱丝莉问。

我笑了："我和罗伯特为了达到财务自由制定了远大而深入的计划。我们的计划是：10年之内，每年买下两套出租屋。这就是我们的计划。我们重点关注的是单身公寓。我们设想10年之后应该总共投资了20套出租屋，这样才能使现金流大于我们的生活支出。整个计划就是这样。"

"你们做到了吗？"特蕾西问。

"做到了，但并没能按照我们计划时最初设定的时间表来完成。"

她们3人有点失望。

我继续告诉她们："我买下第一套两室一卫的出租屋后不久，又买下了第二套、第三套。在这个过程中，我们发现，买一幢有多个单元的公寓楼和买单套的公寓房一样容易。所以我们没有花10年买20套房，而是只花了18个月就买下了，完成了计划。一旦我们了解了自己的处境和目标，并全力以赴去做，整个计划实现起来就会比我们想象的要快得多。"

这天剩下的时间里,我们不断地学习、讨论,写写画画,打电话,上网查资料,一起制定投资计划。

到傍晚,莱丝莉、帕特和特蕾西都写下了自己的目标,以及如何开始计划投资。她们对自己的成果很满意,莱丝莉看了看墙上的钟,笑了:"天哪!已经快 7 点了!我们太投入了,忘了该进行传统项目——姑娘们的聚餐了!"

"怎么进行姑娘们的聚餐?"帕特问。

建立计划时

首先,确定你的目标。

然后,问自己 3 个问题:

- 我主要进行哪种类型的投资?
- 这种投资类型下又有那么多资产种类,我该集中投资哪一种资产?
- 我该怎么安排达到目标的时间表?

第十九章　3种男人3种投资

只要最后能随我所愿，我就会极有耐心。

——撒切尔夫人

我们去了一家餐厅，用完餐后我们几个都觉得有些无聊。话题不知不觉转向了男人，然后一发不可收拾。

我首先打开了话匣子，"我和女友谢尔丽对男人有过一番精彩的讨论。就像男人按1到10对女人进行评分一样，当有男人走过时，我们也对他们评头论足一番。我和谢尔丽挑选出街上某几个男人，然后推测他们属于何种类型。"

"谢尔丽说：'你知道吗，世界上的男人其实只有3种。'

"'3种？'我回答说，'绝对不止。'

"'那我说出这3种类型，你来告诉我还有哪些男人超出了这个范围吧。'她向我挑战。

"'就这么办。'我接受了她的挑战。

"谢尔丽说道：'世界上有3种男人：坏男人、好男人和平庸

男人。'

"'洗耳恭听。'我说。

"'你老爸不希望你约会的是那种坏男人,'她笑着说道,'他们令人激动,非常迷人——让女人无法抗拒。他们不失为一种挑战,他们的心思难以捉摸,你必须时刻盯牢他们。他们不乏味,总能让你保持兴趣,你永远也忘不了他们。如果他们伤了你的心,也不足为奇。在爱恨交织的故事中,总少不了坏男人的身影。'

"'接下来是好男人。我们都认识几个好男人,他们会和你成为朋友,每个人都喜欢与他们在一起。你能与他们谈心,能与他们融洽相处。如果你遇到什么麻烦,他们将是你不可多得的聆听者。你很少会与好男人发生摩擦,因为在场面失控之前,他们早已转换了话题。他们很安全,一般不会让你头疼。而且他们的心思容易摸透。和好男人第一次约会时,他几乎不太可能吻你,因为他很有教养,懂得尊重别人。'

"'那平庸男人呢?'我问。

"'平庸男人是你只希望跟他一起过日子的人,'她说道,'他们很乏味!生活过得毫无乐趣。与平庸男人约会时,你们通常看完了一场电影就早早收场了。不要指望平庸男人会即兴邀你到屋顶在星空下共进烛光晚餐。平庸男人不会带给你惊喜。他们不会做出什么伟大之举,因为他们从来都按部就班。他们从不冒险,他们希望日子过得井井有条。大部分事情在他们眼里已是冒险之举。总之一句话,他们只是活着而已。'

"'你把3种男人描述得很清楚,'我回答道,'可是你认为世

界上任何一个男人都可以归入这 3 种类型中吗?'

"'那么你来告诉我。'她催促道,'随便挑出一个男人,看看他是不是属于这 3 类中的某一类。'

"'你说得没错。'我承认。

"'哪一类?'她紧追不舍。

"'坏男人。'我说道。

"'我说得没错吧,'她大笑,'现在把你所认识的男人通通想一遍,我敢打赌,他们肯定是坏男人、好男人或平庸男人中的一种。'

"我花了近 3 分钟的时间,仔细地在脑海中搜索了一遍我所认识的男人,最后我有足够的信心确定所有男人都可以归到这 3 种类型之中。

"'你赢了,'我只好认输,'没有必要再有第四种或第五种类型了,你归纳得很准确。我的女友们可以拿这个话题大大讨论一番了。'"

坏男人、好男人和平庸男人

帕特、莱丝莉和特蕾西都笑了起来,从她们的表情我可以看出,她们正在脑海中将自己身边的男人归类。

"我大学时代的男友绝对是个坏男人!"莱丝莉叫道,"但有趣的是,我嫁给了一个好男人。这可能就是我们没有白头偕老的原因吧。也许我真正想要的是一个坏男人。"

219

特蕾西笑着说:"第一次约会后,坏男人送花给你,你会觉得很激动。但如果换成是平庸男人送花给你,会让你担心他是否想让关系更进一步,对吧?"

"好男人开车带你兜风,但不会动你一根手指头。坏男人则什么都敢做!"帕特咯咯地笑着说。

莱丝莉补充道:"在高中舞会上,如果我没有舞伴,就找个平庸男人一起去,因为他总是随叫随到。他是如此可爱,但几乎所有受欢迎的女孩都与坏男孩交往。而且我注意到,当我与坏男孩交往后,我也变得更受欢迎了。"

"这似乎和态度有关,"帕特说,"想想电视剧《欢乐时光》里的那个丰斯,他既不高,又不黑,也不英俊,但他是个十足的坏男人。"

"真奇怪,女人为什么总是容易被坏男人吸引。"我说道。

"我有一位女朋友,她总是跟好男人约会,但关系从来长久不了。令她永远难以忘怀的却是5年前曾与她约会的一个坏男人。"

"坏男人有点危险,对女人来说有种神秘的吸引力。"特蕾西说,"他们爱冒险,因此有机会发展他们的潜力。我丈夫就是一个好男人,从结婚那天起我就知道,我们的共同生活将是那种典型的普通双职工、住郊区的生活。当我重新考虑我的职业和家庭时,发现那正是我想要的——稳定的、有安全感的生活。"

莱丝莉评论道:"对于我来说,与坏男人交往时很少有情绪低落的情况,我通常都热情高涨。这种感觉充满了未知但有无数的可能。"

"那么,你们想到的坏男人都有谁?"帕特问我们。

我先开口,"米克·贾格尔——坏男人。"

"约翰·麦肯罗、艾米纳姆、查理·希恩——都是坏男人。"特蕾西补充道。

"当然还有蓝博。"

"那好男人呢?"我问。

"如果说丰斯算坏男人的话,那么《欢乐时光》中的里奇·卡宁汉就是一个好男人。"莱丝莉说道,"他是个不折不扣的好男人。《摩登原始人》中的巴尼·拉比尔呢?"

我们大笑起来。

帕特笑着说,"至于平庸男人嘛,《憔悴潘郎》中的埃尔·邦迪就是一个极好的例子。霍默·辛普森也算一个。"

3种投资

如果话题没有转向,我们会花一整晚来列举世界上的所有男人。

我说:"男人有3种类型,我打赌这3种男人——坏男人、好男人和平庸男人——所进行的投资也可以这样分类,就像我们可以将每一个我们认识的男人进行归类一样,我们也能对投资进行归类。"

"这一点我不敢苟同。"莱丝莉说。

"如果按坏男人、好男人或平庸男人来对每项投资进行分类,那么什么是坏男人投资、好男人投资和平庸男人投资呢？"我问她们。

"我明白你的意思了，"帕特回答说，"比如说，坏男人投资的挑战多多。"

"完全正确，"我说道，"坏男人大胆、爱冒险，你必须时刻警惕，小心翼翼。不要离开坏男人，因为当你回来时，他们可能已经逃之夭夭了。你无法摸透他们，你必须紧紧盯着他。对坏男人你得多花点心思，不过，他们给你的回报也是最高的——前提是你得知道如何驾驭他们。"

"而好男人永远不会伤你太深！"特蕾西说道。

"是的，对好男人你无需像坏男人那样时刻留意着，但你也不能总是把他们晾在一边。他们需要与你沟通，了解你的喜好。他们比坏男人要宽容得多。他们给你的回报不如坏男人大，但风险也小得多。"我慢慢说道。

"那么平庸男人呢？"我问。

莱丝莉说："平庸男人很乏味！他们无所作为！"

我大笑，"精辟！你可以永远对平庸男人置之不理，什么也不会改变。你不用留意他们，实际上他们也并不希望你关注他；这就是他们的平庸之处！平庸男人几乎毫无风险可言，当然也几乎没什么回报。"

"对极了！"莱丝莉叫道，"投资就像男人一样！甚至比男人更好，因为资产不会离开你而另投比你年轻的投资人的怀抱。"

"资产也不会跟你顶嘴！"特蕾西开玩笑。

"你也不必担心资产会彻夜不归！"帕特补充道。

我们大笑不止，丝毫不介意餐厅里其他一些客人频频地向我们行注目礼。

哪种投资对应着哪种男人

特蕾西将我们拉回正题，她问："哪类投资应该对应着哪种男人？哪类投资是坏男人、哪类是好男人、哪类是平庸男人？"

我拿出一张纸，写下3种类型：

　　　坏男人　　好男人　　平庸男人

"我们先看一下不同的投资，看看它们可归入哪一类，"我建议说，"来分析分析股票，怎么样？"

"如果我买了股票并长期持有，那么我认为它是好男人。"帕特回答说，"因为我将定期观察它的表现，并留意发行股票的公司的情况。"

"但如果是当日交易的股票呢？"我问，"如果你每天都买卖股票呢？你将股票抛出前，持有它的时间可能只有几小时。当日交易的投资人通常在每天交易结束前抛出所持的股票。"

特蕾西回答说："这样的话，我认为它是一个坏男人，因为你得整天看着它。如果是当日交易的股票，你必须非常投入。"

"没错！"我附和道，"我将'长期持有的股票'写在好男人一栏，将'当日交易的股票'写在坏男人一栏。那么股票认购权呢？"

帕特插话说:"其实我正在研究股票认购权呢,我对它们很感兴趣。我认为答案有两种。如果这是一种6个月到期的期权,那就意味着你有6个月的时间来确定这笔交易是否赚了钱。而另一方面,如果是当日交易的股票认购权,则是个坏男人,因为你每分钟都得关注股价。我得承认,这些坏男人让我有点紧张。"

"那么,根据投资的不同类型,房地产也可划入不同的类别。"特蕾西往下推导。

"完全正确!如果只是借钱给某位投资人朋友作为购买房产的首付款,立下字据或借条,说明她付给我的利息额度,她按该字据每月向我支付利息,直到付清贷款的本金和利息,我认为这是个好男人。当然会有一些风险,比如房产管理不善,我的朋友可能无法支付。但如果她是一个明智的投资人,她会知道该怎么做,不但风险很小,对我的影响也很小。"

"如果她不再支付给你,你的好男人可就变成了可恶的坏男人!"莱丝莉打趣地说,"那时就有你好瞧的了,你得时刻留意。"

"如果是一幢有50个单元的破旧的公寓楼,不但房客差劲,还有20个单元空置着,这个又如何呢?"我问她们。

"坏男人!"她们异口同声地答道。

"为什么?"我问。

"如果这幢大楼很破旧,空置房又很多,肯定要花大力气才能将它带上正轨。"帕特说,"啊哈!现在我明白为什么我邻居的婚姻会如此起伏不定了,因为她嫁给了一个坏男人!"

莱丝莉插了一句:"你将房产带上平稳运行的轨道之后,就使坏男人变成了好男人。你仍需要密切关注，但不必像以前那样紧盯着不放了。"

"说得好！"我叫道，莱丝莉这番话给我留下了深刻的印象。

"共同基金又属于哪一类呢？"帕特抛出一个问题。

特蕾西咧嘴笑道："依我个人的经验来看，这是个'平庸男人'。我投入资金，希望有所斩获。结果什么也没有，还让我支付了不菲的费用。"

"我同意。"我回答说，"401(k)计划也是如此，很长一段时间里你不断地投入资金，它却没有什么变化。"

帕特打断我说："市场崩溃的情况除外，我们的许多朋友都在401(k)上损失巨大。平庸男人变成了穷困潦倒的输家。"

"我觉得生地可以归入好男人一类。"特蕾西插话说。

"买下它之后，你只需要静候佳音，而无需过多留心——尽管你想知道在它周边会有什么发展，比如一些其他的开发项目等。如果你想在这块地上建造商厦或写字楼，则需要花费时间、精力，必须具备相应的知识，这很容易把这项投资变成一个坏男人。"

"还有哪些可以算做平庸男人呢？"帕特问道。

"你觉得呢？"我反问她。

"储蓄账户算不算？"她问。

"因为你对储蓄账户什么也不用做，只要将钱存进去就万事大吉了。风险为零，但回报——特别是近年来——也差不多为零。"

"很好的例子！"我回答。

"大额可转让定期存单也可以归入平庸男人一类，就像我妹妹的前夫那样,只会傻坐着,挣的钱少得可怜,没人对他抱什么希望。"莱丝莉取笑着说。

"金银投资呢?"特蕾西发问。

"如果我买入金银,我会将它归入好男人那一类。"我答道,"我当然会留意价格波动,但我知道,我每天早上醒来后它还会在那里。这跟坏男人不一样。"

帕特总结说:"对于坏男人这一类投资,如果你不了解它们,就很容易受伤。而这正是这几天我们待在这里的目的——来学习如何避免受伤。"

"没错。不过你有时仍然可能受伤,谁也不敢打包票。"我解释道,"但当你不断地学习和了解之后,你遇到伤害时就不会让它危及身家性命。"

"还有,"莱丝莉说,"投资企业呢?"

"你是投资别人的企业,还是自己经营企业呢?"我进一步问道。

"假如我想入股一家正在运营的企业,成为这家企业的合伙人,这样我也能参与经营。"莱丝莉解释说。

"我从没想过这种方式。"特蕾西说,"我认为投资企业有好几种方式。事实上,我哥哥就在他朋友新开的公司中投入了一点钱,他在这家公司不担任职务,仅仅是投入一小笔钱,希望有所回报。我觉得这种类型的投资是好男人投资。不过我需要确定实际运作这家公司的人是否了解自己的业务。"

"如果他们没有经验,不了解自己的业务,那么,我认为这项投资是赌博。"我补充说。

"那如果我自己创办一家企业……"莱丝莉说。

"坏男人。"特蕾西脱口而出,"想想你得花多少时间和精力吧,它需要你时刻关心。简直是个坏透顶的男人!"

积极投资人与消极投资人大比拼

"这引出了一个真正的好观点,"我说,"投资人有两种——积极投资人和消极投资人。如果你想通过投资达到财务自由,那么,你必须成为积极投资人。如果你只是用钱进行消极的投资,就不太可能获得财务自由。共同基金和401(k)计划虽然不错,但如果你想走上财务自由之路,仅仅投资这些是不够的。"

"如何判断投资人是积极的还是消极的?"帕特提出疑问。

我解释说:"你将钱交给别人为你投资,你不参与或不控制投资,我认为这种就是消极投资。你把钱交给别人,自己一走了之。相反,积极投资人会积极参与到投资中去。"

"所以,购买并管理出租屋就是积极投资。"特蕾西帮我加了一句。

"对。"我表示赞同。

"这么说来,似乎所有的坏男人投资都是积极投资,"莱丝莉说,"因为我认识的所有坏男人都很活跃。"

"许多好男人投资也是积极投资,但参与程度相对少一些。"帕特说。

"平庸男人是百分之百的消极投资。"帕特说。

"就像我妹妹的前夫那样。"莱丝莉说。

"共同基金是消极投资,与401(k)计划一样。我只管投入钱,其他什么也不用做。"

特蕾西补充道:"我觉得,许多股票投资人实际上也是消极投资人。我认识的大部分股票投资人都是将钱交给股票经纪人,根据经纪人的推荐买入或抛出某只股票。投资人并不积极参与这个过程。她可能会关心所持股票的价格,但并不会去研究它或者密切关注上市公司的业务。"

"我同意你的说法。"我回答说,"如果你只是从柜台的交易员那里购买热门股票的话,就可以认为是消极投资。"

"几年前,有人向我们推销寿险,代理人称这是一项投资。这绝对是消极投资,因为我们所做的只是不断地为之付出。我对保险政策的规定知之甚少。"特蕾西说。

帕特开始总结说道:"所以,如果我进行了一项投资,之后便束之高阁,不到要卖出的时候就不去关心它,这种就可称为消极投资。当我的股票经纪人打电话给我丈夫,建议我们将一部分资金投入某只我们一无所知的股票时,我们就成了消极投资人。或者,如果我们将钱投入别人的公司,然后就把这件事抛在脑后,这还是消极投资。"

"我明白了。"莱丝莉说。

她接着说:"房地产投资是极好的积极投资的例子。如果我买下一套住宅,装修好,出租出去,这对投资而言是非常积极的行为。如果我拥有一个商业中心,并把它出租给店家,这也是积极投资。"

"但如果你购买房地产投资信托股份,例如房地产共同基金,你在出售所持股份前对此置之不理,那就是消极投资。"我说。

帕特问:"如果我买卖股票,而且也不是当日交易,而是研究上市公司和它所在的行业,追踪它们的历史表现,尽可能地了解我所投资的各只股票,这算消极还是积极呢?"

特蕾西抢着回答:"我认为这种是积极投资,如果你积极地参与了,进行了研究和学习,与疏于学习、只希望别人帮他们打理的投资人相比,你当然是一个积极投资人。"

"说得好!"我说,"我个人不建议你们投资自己不熟悉的领域,因为你必须成为积极投资人,让你的钱尽可能努力地为你工作。"

"现在我对投资企业的问题有了更清晰的了解,"莱丝莉说道,"我可以自己创业,这非常积极。我也可以将钱投入别人的企业,并在一定程度上参与企业的经营,这也是积极投资,只是积极性稍微低一些。这包括在公司内外做实务以外的任何事情,或密切关注公司和行业的动态。第三,我可以将钱投入某家公司,此后就不闻不问,这就是消极投资。"

"你回答了你自己提出的问题。"我说道。

总结

"我的理解是,"特蕾西总结道,"男人有3种,投资也有3

种——坏男人类、好男人类和平庸男人类。每一项投资都可归入某一种男人类型。有无需参与的非常消极的投资，还有需要花费精力、时刻关注的积极投资。我发现，最重要的实际上并不是资产本身是积极或消极，而是投资人是积极或消极！"

"总结得好！"我鼓掌赞同，"另外，我并不认为某种类型的投资一定比另一种更好或更差。要成为一名成功的投资人，需要了解各种投资类型的利弊。问问你自己：'我所做的各项投资，各有哪些风险和收益？'不要期望依靠共同基金就能满足你退休后的经济需求，共同基金可能无能为力。同样，买下出租屋，并不意味着以后就可以不闻不问。了解各项投资，并选择适合自己的计划的几项投资。记住，如果你的目标是达到财务自由，那么，你不能只做一名投资人，而必须成为一名积极的投资人！"

第二十章　成功投资人的4个首要要素

> 教育男人，你只是教育了一个人；教育女人，你则教育了一个家庭。
>
> ——鲁比·马尼康①

第二天上午，我们一边走进工作室，一边还在开玩笑说着那3种男人。

大家都坐下后，我说："在我们继续创建计划之前，我想和你们分享一下这些年来我总结出的成功投资的要素。它们几乎都来自我的血泪教训。"

"如果能从你的前车之鉴中吸取到一些教训，我愿意洗耳恭听！"莱丝莉说，"有些错误肯定让你付出了很大的代价。"

"是的，代价不仅仅是钱，还错过了机会，浪费了时间。"

"说给我们听听吧。"帕特的语气很恳切。

---

①印度宗教领袖。

要素1：学一些这方面的知识

"要素1是你们已经知道的，进行任何投资的第一步都要：

学一些这方面的知识。

"学习至关重要，你懂得越多，就做得越好。开始投资之前得做些功课，有许多很好的资源等你去发现。你是否先学了一点知识，可以决定你是赢利还是亏损。

"至少先得学会踩水，才能跳入深水区，不然你就会被淹死。你要是对某类投资一无所知就贸然跳进去，也一样会被淹死。

"我们支持网络营销的原因之一就是：真正优秀的公司善于栽培其分销商，从销售到财务到人员发展，他们都会进行培训。好的公司不仅关注销售员，他们希望帮助员工在生活的方方面面取得成功。

"富爸爸公司是一家金融培训公司，我们不销售或推荐投资项目，我们所做的只有培训。让客户自己找出适合他们的投资。

"我们还有产品，除'富爸爸'系列图书以外——我认为每位真正想投资的人都应该看看这套书，还有现金流桌面游戏。

"1994年我和罗伯特退休后，不断有人问我们：'你们是怎么做到的啊？37岁就退休了？'（罗伯特当时47岁。）我和罗伯特有一个共同的爱好，那就是玩游戏。

"我们小时候都玩过游戏，打牌、捉迷藏，当然，还有'假扮'

的游戏。记得 12 岁那年的一个星期六早晨,我在街上骑着自行车,感觉十分自由,非常快乐,我正赶去踢足球。我从小喜欢运动,也爱玩各种游戏。

"1995 年,罗伯特想创建一个能够带领我们逐步达到财务自由的桌面游戏。学习本该是件快乐的事(就像赚钱和投资是如此有趣一样),所以我们创造了这个现金流游戏,让人们在学习投资时可以感受到一点乐趣。这个游戏是罗伯特和我在投资过程中的想法和做法的再现。从我们收到的来信中可以看到,那些同我们分享成功投资经验的人中,约有 85% ~ 90% 的人说他们经常玩现金流游戏。这个游戏能够让人们行动起来。

"我想让你们看看学习金字塔,它是由埃德加·戴尔在 1969 年研究出来的。这项研究告诉人们怎样才能学得最好。在这个倒金字塔的尖端所显示的是最没效率的学习方法。知道那是什么吗?令人震惊的是——阅读和说教——我们学校教学中最主要的两种方法。(但是,我很感谢你阅读本书。)最有效的学习方法是什么?是实践和模仿,在实践中是学得最好的。所以我们创造了这个桌面游戏,通过模仿来学习投资。

"所以我建议,在学习投资时,不妨先玩玩现金流游戏。你可以买来游戏和朋友一起玩,或者到我们网站上找到你所在地区的现金流俱乐部。现金流俱乐部是一家学习型俱乐部,成员会聚在一起,玩现金流游戏,并进行一些其他的投资培训活动。"

"我们今晚就来玩游戏吧!"特蕾西提议说。

"好主意,用玩游戏来结束我们两天的活动。"莱丝莉欣然同意。

学习金字塔		
学习2周后我们能记住的		参与性质
我们所说的和所做的90%	实践	积极的
	模拟真实经历	
	完成戏剧报告	
我们所说的70%	做报告	
	参与讨论	
我们所听到和所看到的50%	现场看着做完	消极的
	观看展示	
	参观展览	
	观看现场演示	
	看电影	
我们所看到的30%	看图片	
我们所听到的20%	听到的话语	
我们所读到的10%	阅读	

摘自1969年戴尔《多媒体教学方法（第三版）》，经汤姆森学习出版集团沃兹沃思出版社授权。

"除了现金流游戏和富爸爸公司的其他产品，还有许多可用资源：书、CD、DVD、研讨会、报纸、通讯、网站和投资组织等，不胜枚举。你只需在这些资源中挑选自己想要了解的信息。

"当然，亲身经历是最好的老师，所以不要认为行动前先得花几年时间来研究。学点知识，就加入游戏中吧。"

要素2：从小投资开始

"投资时能帮你克服恐惧的第二个要素是：

从小投资开始。

"不管选择投资什么，都要从小笔资金的投资开始，做好犯错的准备。犯错是肯定的。有些女性朋友告诉我她们害怕投资，因为她们担心自己会犯错，我对她们说：'你不必担心犯错，因为你肯定会犯错，我保证。只要你知道了这一点，就没什么好怕的了。'

"我永远不会忘记自己在投资第一套房产时所犯的第一个错误。买下这套房产 6 个月之后，房客搬走了，我想：'啊哈！好机会，我可以再涨 25 美元的房租了！'由于当时那套房子带给我的现金流只有每月 50 美元，涨了房租的话，现金流就增加了 50%，我扬扬得意地想。

"我犯的错误是，没有比较附近房屋的租金。如果当时我做过功课，就会发现，这个价位的租金已经处在高水平了。结果房子空了 3 个月，不但没有赚到额外的 75 美元，还损失了 1500 美元。这个教训非常深刻。

"所以，刚开始投资要从小处开始，就算犯了错误也不会亏太多，就当买个教训，学到了最基本的东西。如果你买的是股票，不要一下子大手笔买入，买一点就够了。如果你要投资房地产，那就从 1～4 套买起，不要一开始就投资 150 套的多单元公寓楼。别指望第一次投资就能赚得盆满钵满，这是一个边干边学的过程。先试试水，学一点，再往前。这不是买彩票。

"几年前，一位朋友推荐我看一本关于税收留置权的书。税收留置权是指一旦业主不支付房产税，她就自动成为政府的债务人，如果你替她支付了房产税，你就可以以你所付税金的代价留置这套房产；如果她付了税，国家对她拖延支付的罚款，以及你之前所缴的全部税款，将会直接转到你这里。

"我去买了两本《16%方案》，罗伯特和我一人一本。我们得先学点知识。然后我们来到县政府所在地，就是可以买到这些权证的地方，按书上指导的一步一步来。我们买了大约价值500美元的税收留置权，量不大，但我们直接参与了、学到了这个流程。

"我发现，人们往往想挑到最好的投资，就是能得到最好回报的投资。这反而会使他们裹足不前，因为谁也不知道什么是最好的投资。你可能会永远观望下去。开始时少投一点，这样可以亲身体会一些投资，从而知道哪一项投资表现最好。"

要素3：少投一些钱

"就像我和罗伯特投资税收留置权那样：

少投一些钱。

"这对你们的成功很重要，原因有三：

"第一个原因很明显,投点钱进去,才算真正进入了游戏,在此之前,一切都不过是纸上谈兵。要成为一名投资人你必须参与到游戏中来。我把投资称做游戏,是因为它像游戏一样有输有赢。投资人的定义是,个人、公司或组织将钱投到别的事物上。如果你的钱没有投出去,你就不是一名投资人。

"于是,这又引出了第二个原因:少投一点钱意味着风险小,一大笔钱可能会冒很大的风险。当我开始一项新的投资时,我会想到自己对新投资缺乏了解和经验,我将做好犯错的准备,那可能会损失钱,但我花一点小钱学到的经验,和投入一大笔钱学到的经验一样多。

"第三个原因最宝贵,你们注意到了吗?投入资金之后,你们是不是对这项投资更感兴趣了?我邻居最近买了一辆新的雷克萨斯豪华跑车,买车之前,她对车没什么兴趣。当她决定买辆新车后,突然之间俨然成了闻名遐迩的汽车专家。该买哪辆车让她犹豫了很长时间,她做了许多研究。由于事关切身利益,她才会这么做。

"还有一个例子,是关于我朋友10岁的儿子的。有一天他偶然听到他爸爸在说买银币的事,他问爸爸银币是什么、为什么要买它。

"一天下午我接到了那位爸爸的电话,他说:'我儿子本想和你聊聊。'

"本在电话里说:'金,我用零花钱买了10块银币!每块7.6美元,共76美元!你觉得我该放在家里还是放到银行保险箱

里？我想带在身边，但爸爸说得放在一个安全的地方。我有10块银币了呢！'

"本每天都很关心白银的价格，他还把这事告诉了老师。老师让本在班上谈谈他的投资。那天的银价是每盎司8.5美元（1盎司为31.10克），他已经和其他同学一起计算过买进银币后赚了多少钱了！他现在对白银非常感兴趣，而且还在了解其他的贵金属。他才10岁！

"请注意：本在学业上并不优秀，但正如学习金字塔所显示的，他通过实践学得最好。研究发现，只有20%的学生用学校教的方法学习，而80%的学生都不是这样。出于对白银的兴趣，本的阅读能力提高了，因为他会上网阅读关于白银的资料，他的数学成绩也大大提高，因为他将数学知识应用到现实生活中了。

"这个故事告诉我们，如果你想进行一项新投资，那就干吧。但记得少投一点钱！"

要素4：别离家太远

"有句老话说：'这山望着那山高。'人们对热门的新兴市场的看法也一样，不管是拉斯维加斯新出现的独立产权公寓、下一拨科技股热潮，还是最近'人人'都蜂拥而上的独特商业机会，似乎那山总比自己这山要高。

"第四个要素是：

别离家太远。

"不管你是刚上路的投资新手,还是经验丰富的投资人,我都建议你别离家太远。什么意思?就是说,尽量找你周围的熟悉的项目,而不是追逐热门的投资。

"许多人都遭遇过科技股泡沫,这就是离家太远的例子。虽然这已经严重背离了投资的基本面,但每个人还是在往科技股里扔钱。从未涉足过股票市场的人以为科技股将成为他们的救世主。但我们都知道,后来泡沫破裂了,人们损失惨重。

"曾任富达麦哲伦基金经理并著有《学以致富》的彼得·林奇对股票有着深刻的见解:

每次你去商店购物,不管是吃汉堡包还是买新的太阳镜时,你都能学到有用的知识。只要稍稍留意,你就会发现什么好卖,什么不好卖。观察你的朋友,他们买了什么电脑,喝什么牌子的饮料,看哪部电影,有没有穿锐步。这些都是重要的线索,可以引导你正确投资股票。

你会感到奇怪,为什么这么多人对这些线索无动于衷。从事各行各业的人们从不利用自己的优势。医生知道哪家药厂的药最好,但他们不一定买医药股。银行家知道哪家银行最强、支出最低、贷款最容易,但他们未必买银行股。商店经理和商厦的经营者了解每个月的销售额,他们当然知道哪家零售商的销路最好,但又有多少通过投资零售股致富的商厦经理呢?

"这些机会不只是被人们所熟悉,简直就是摆在大家眼前的。

"有一次我去新加坡,一位女士过来问我:'我住在新加坡,但我听说佛罗里达州奥兰多的房地产市场不错,我应该在那里买房子吗?'

"首先,我不知道奥兰多的房地产市场到底好不好。其次,不管好不好都没关系,因为她以前从未投资过房地产。我问她:'你去过奥兰多吗?还是你计划最近去一次?'

"'哦,不,'她回答说,'我想我可以通过因特网买房子。'

"一般来说,我都不会给出具体的意见,但这次是紧急情况。我直接告诉她:'不要通过因特网买房子。如果你是新手,就别去不熟悉的城市买房子。最好在你家附近找找。还有,最重要的是,先学一些房地产投资的知识。'犯点错可以,但犯傻就不必了。这位女士冒的风险太大了。"

在家门口寻找投资机会的三大理由

"投资房地产时,我喜欢在家门口寻找投资机会,有几个理由。

"首先,你需要充分了解你所投资的区域,了解租金在上涨还是下跌,是否有企业或商店入驻,房产的价格如何,整体上扬还是下滑?这些都是你必须知道的要素。因此,你就成了这个区域房产交易的专家,你很快就能判断出,这是否就是你想买的房产。

"其次，如果你买的房子出了问题，你无需先乘飞机再租车赶去处理，处理完后又赶回机场，乘飞机回家，这分明就是浪费时间和金钱。

"我建议在家门口寻找投资机会的第三个原因是，如果我认为其他城市总有更好的投资，我就不得不满世界寻找那些多如牛毛的投资机会。而在家门口寻找投资机会，我只需要关注几个重点区域，好买卖之多，令人惊奇。"

我最大的投资失误

"为什么我能这么肯定？因为我吃过大亏，就由于没有听从这些建议。

"当时我和罗伯特在迈阿密遇到了一项看起来非常不错的投资，是一项商业房产，准备出租给一家大型健身俱乐部，大约有4.2万平方米。我们谈妥价格之后，开始讨论细节。

"我以前从未买过这种房子，而且对佛罗里达州也不熟悉，因此我带了一位房地产律师一起去签协议。但问题是，这位律师是亚利桑那州的律师，对佛罗里达州的法律不太了解；而且，我们不了解卖方律师的水平如何，他不喜欢我的律师，我的律师也不喜欢他。所以，买房谈判变成了两位律师的互相攻击，而我的房产则被抛在一边。此外，由于这次是在一个陌生的城市投资，比我以前的投资背景更复杂，我授权我的律师代表我来进行谈判。这下犯了大错了！房地产律师的作用不是参与谈判，而是提出疑问和发现潜在的问题，然后由我来决定要如何进行。

"长话短说，这个过程持续了5个月。我在这个地区没有任何投资经验，于是问题变得更加复杂。你们能想象吗？5个月了，我们还在初始协议上纠缠不清，还没开始检查房产。

"有一天，我和罗伯特飞到迈阿密与卖主面谈。没几分钟就把难题解决了，然后我们飞回了家。第二天，我收到协议，卖主的律师擅自修改了我们商定的事项！而卖主当时正飞往国外！

"最后，几个月之后的一天晚上10点左右我接到了经纪人的电话，他说：'卖主要将房子撤出销售市场，不卖了。'不过后来我发现这房子还有其他问题。但当时，这件事让我难受了好久。这一次，我的努力、律师费都白费了。我打电话给卖主，他证实说的确不卖了。

"当时将近半夜了，我又惊又气，但我不是对卖主和他的律师生气，而是对自己生气。我在自己一无所知的地方投资，使这笔买卖变得复杂，而且我对那种房产也不熟悉。但导致这一团糟的深层原因只有一个，那就是：我不信任自己！我不认为自己了解得够多，害怕出错，让恐惧占了上风，最后扼杀了这笔交易。回头看看，这仍是一项房地产交易——只是需要再学点知识而已。对于我来说，这是个惨痛的教训。

"近凌晨1点了，我还在自责：'付出了这么多的时间和努力，现在还得另找一笔投资来代替这一个！'

"我走进家里的办公室，电脑旁堆着一些经纪人发来的房地产预编报表（预编报表一种是传单或小册子，介绍待售房产的情况，包括预期收入、支出和贷款条件）。我立即开始翻阅这些资料，如果我买下了迈阿密那套房产，这些材料肯定就会被我忽略掉了。

"凌晨两点，我拣出一份几个月前收到的房产资料，越看越喜欢。'不知道卖出去没有呢，'我想。

"第二天早上 7 点，我打电话给经纪人，我跟他很熟，彼此也很信任：'克雷格，还记得几个月前我们讨论过的那套房子吗？就是你办公室对面街上的那套。那房子还卖吗？'

"'他们从没正式挂牌出售过，'他说，'只是介绍给了一些有诚意的买家。我打电话问问。'

"半小时后，他回电了：'那位经纪人说，如果你有兴趣，他们就卖。'

"'他们开价多少？'我问。

"'他们提出足价，'克雷格说。

"'值吗？'我问。

"'值。'他这么回答。

"'我要买。'我告诉他。

"讽刺的是，这套房产简直就是迈阿密那套的翻版。但由于我对这个区域非常熟悉，而且现在我对这种类型的房产也了解了不少，我们总共花了大约 45 天就完成了交易。而且在这个过程中，我还遇到了一位很棒的房地产律师，改变了我对律师的看法。

"事实证明，现在这套房子无论在现金流、价值还是位置上，都是我所有投资中最好的。所以我最大的失误为我带来了最大的资产——无论是知识方面，还是现金流方面。

"你们知道最讽刺的是什么吗?这套房子离我家只有两个街区的距离。

"所以说,我喜欢寻找家门口的投资项目。"

第二十一章　成功投资人的其他5个要素

> 我一直认为,独立是生命最大的恩赐,是一切美德的基础。
>
> ——玛莉·渥斯顿克雷福特

"这的确是个极大的教训——学会信任自己。"特蕾西说。

帕特指出:"我觉得这对我们女人来说是个大问题,特别是在金钱和投资方面,因为我们许多人都是新手。这个教训对你最大的影响是什么?"

我回答说:"我得说,那一晚,我克服了自己在投资方面的大部分恐惧。我的投资就仅仅是投资而已,许多情绪、本能反应和焦虑全消失了。我意识到,所有的犹豫、焦虑与投资本身毫不相干;它们只和我自己相干。我想,我终于能将自己和投资分开来了。现在当我考虑一项投资时,我通常会分析投资本身,而不让我的情绪干扰了事情。"

"这番话让我明白不少。"特蕾西说,"这期间你还学到了其他经验吗?"

"我想有 5 点经验可能有用,"我说。

"继续说下去吧。"特蕾西催促道。

要素5:设立赢的目标

"考虑了前 4 点要素后,接下来是这一点:

设立赢的目标。

"我们都喜欢成功,喜欢赢。就像绿湾包装工橄榄球队教练文斯·隆巴迪说的那样:'除非你能找个输得起的家伙让我瞧瞧,否则我可没办法穷装什么风度。'在投资的游戏中,我们的目标就是赢。

"如果你刚刚开始投资,取得一些成功尤为重要。只要遵循上述 4 个要素——学习一些相关知识,从小投资开始,少投一些钱,别离家太远——我想你投资的成功几率将大大增加。

"尽量在第一项投资上取得胜利,为什么这很重要呢?有 3 个原因:

"第一,旗开得胜的经历有助于你树立自己的投资信心。如果你失败了,尤其是第一次投资就栽了跟头,就会对自己产生怀疑,你会想:'可能我不适合干这个',或者'我可不想亏更多',又或者'我干不了这个'。而如果打赢了第一仗,你的第二笔投资就会更容易、更有趣。

"我常常看到很多人跳过小买卖,直接奔向大买卖。不买两个单元的公寓,而是一举买下100个单元的公寓楼。他们毫无经验,不知道如何经营大型房产,所以很快就问题不断。由于他们不会妥善解决问题,房客们一个个都搬走了。房子渐渐失去了吸引力,开支日增,有意来租房的人越来越少,空置率上升。等意识到这些时,这些跳过了基本步骤的投资人已经在不断地亏钱了,最后他们说:'看,我就知道,投资房地产没那么简单!'

"以每股5美元买入200股股票认购权,共投资1000美元,这比投资6000美元实际买入200股同一家公司每股30美元的股票可能更明智。

"投资成功所带来的最大好处是自信,自信是你达到财务自由所需的关键因素。从一开始的赢利中获得的信心越多,你在投资时对自己的判断力就越有信心。你对自己越有信心,恐惧就越少。所以,一开始的胜利将为你带来更大的成功。

"第二,你周围的人可能坚持说投资是冒险,他们可能会迫不及待地剪下某对夫妇在股市或房地产投资中损失毕生积蓄的文章,然后寄给你。这些人总爱摆出什么都知道的样子,他们喜欢说:'我告诉过你会这样!'你肯定碰到过这种人。他们等着看你的首次投资失利,然后打电话'安慰'你:'宝贝,我早说过投资是件冒险的事,但你偏要试。'你让他们得逞了!所以不要让他们的生活太精彩,而要让你自己活得精彩!证明他们是错的!你的成功是对他们最好的回击。

"第三，你想要赚钱，这是参与游戏的目的。我保证，一旦你看到了第一笔投资赢利了，每件事都会变得有趣起来。记住，这是一个游戏，因为有赢有输。游戏也意味着有乐趣，赚钱当然就是乐趣之一！

冒险的投资人

"我在第二点中谈到过风险，人们常认为投资等同于冒险，这不对。我的投资风险很小。认为投资是冒险的人，要么并不投资，要么对自己所投资的项目知之甚少。

"打个比方说，那位想通过因特网在佛罗里达州买房子的新加坡女士——这样才是冒险。不止冒险，而且还愚蠢。她对投资房地产一无所知，既不了解佛罗里达州房地产市场，也没有管理房产的经验，还让投资的房产离自己万里之遥，不亏钱才怪！如果她去佛罗里达州买了房，并亏了钱，她也会成为唱反调的人，说：'我就知道投资房地产是件冒险的事。'

"事实上，投资并不冒险，只不过是投资人在冒险。她没有学过这方面的知识，毫无经验。她一心只想走捷径。她不愿意花时间和精力成为一名成功的投资人，而是想找到快速简单的答案。如我所说，是她在冒险，而不是投资。

"你们买过热门股票吗？总有人这么做，我也买过。有些人会告诉你，他们得到了内幕消息，某只股票即将大涨。'要涨到天上去！'他说，'你最好快点买进。'然后，你在对这家公司和它的产品一无所知的情况下，一头扎了进去。这也是冒险。

"我有位朋友认为自己有着世界上最奏效的投资策略。每天早上她要做的第一件事，就是打开自己最喜爱的财经频道，不管节目里讨论的是哪只股票，她都立马买进。她认为，既然电视里推荐了这只股票，就会有很多人来买，价格自然就会上涨。然后她当天就把股票抛掉。一开始她用这种方法的确赚了点钱，当时是牛市，整个股市都在上扬。但她没有注意到这一点。后来股市渐渐走熊，她认为自己的策略仍能奏效，仍顽固地这么操作。'我肯定自己一定能赚回损失的钱。'她为自己打气说。最后，她还是退出了，她亏损了近1万美元。她的策略并没有以事实或基本面为基础，而仅仅是基于电视里的广告和宣传，这又是一个不学习、没经验的例子！这才是冒险。

"如果你想进行某项投资，先学点这方面的知识，从小项目开始，少投一点钱，并且不要离家太远。还要为自己设定赢的目标，尤其是在首次投资的项目上，你需要树立自信心。当然你也会犯错，但你犯的错越多，学到的也就越多；学到的越多，风险也就越小，成功的机会就大大增加。所以，从一开始时就要设定赢的目标。"

要素6：明智地选择你的圈子

"这一点对女人非常有用。

明智地选择你的圈子。

"你的'圈子'是由你周围的人组成的。在生活中,你可能属于不同的圈子,有家人圈、同事圈或生意圈,还有朋友圈。如果你有业余爱好比如运动之类的,还会有与这些兴趣有关的圈子。

"在投资方面,你有自己的投资圈子。他们是你周围关系到你的投资目标或者支持你投资的人。在这里我们可以先谈谈朋友、导师和女性团体。

"第一,选择你的朋友。几年前,我朋友简妮给了我一些意义非常深远的建议。我告诉她我们富爸爸公司的目标,那是一个宏伟而且大胆的目标。我当时说,我希望与别人讨论这个宏伟的想法,这能让我更真切地面对它。我对简妮说,我与越多的人分享我的目标,实现目标的机会就越大。

"简妮对我说了一句话:'与其他人分享你的目标,这很好。但要注意和谁分享,并不是每个人都支持你达到目标。'

"什么?我不敢相信,我是乐天派,对人对事总爱往好的一面想,看到的总是人们善良的一面。现在她告诫我要小心,不要随便将自己的目标告诉别人。

"没多久我就从亲身经历中理解了她的说法,她说得一点儿也没错。

"那是在一次新年派对上,我正和4个朋友谈论着各自在新一年里的打算。一个朋友也加入进来,非常兴奋地告诉我们她的新年目标。她说:'这件事我谁也没告诉,今年我的健康出了点问题,在医院里躺了3天,因为之前我一直不将身体当回事。所以在新

的一年里我要减掉 15 千克。我已经找了一位私人教练,每星期锻炼 3 次。相信我能做到!'

"我们 5 个人都称赞她的目标,鼓励她去实现。她刚一走,我身边的一位女士就转身悄悄地对我说:'她肯定做不到,她以前就试过,根本没用。我才不信她做得到呢。'

"简妮说将你的目标告诉别人时要小心,就是这个意思。我不知道为什么那位女士对她的'朋友'会作出如此否定性的评价,也许是出于嫉妒、怨恨、竞争心理,或者因为她们有宿怨,但很明显,这位女士并不是百分百地支持那位朋友。当你朝着目标努力前进时,最不需要的就是别人的消极想法和评价给你带来的干扰。天知道,我们自己头脑中的想法已经够多的了,谁还需要这些噪音?

"有时候你的成功,或者仅仅一个可能使你更成功的新目标,都可能威胁到别人,或者说凸显出他的不成功。就有些不思进取的人,会对别人的成功心怀怨恨。所以他们让自己好受点的方法,就是贬低那些正向成功迈进的人。人们不喜欢看到自己的不足。

"我朋友玛格丽特从事电视工作多年,阅人无数。她说:'肥皂剧之所以受欢迎,就是因为人们喜欢看到别人的生活比自己的更糟,这样他们就能对自己说:"看,我的情况还不算太糟。"看到别人更不如意,就可以为自己的不成功开脱,再次对自己感觉良好起来。'

"你能感觉他人是真心为你的成功高兴,还是虚情假意地说'祝贺你'。

"我承认自己争强好胜，有时也会被嫉妒刺痛。因为别人的成功会提醒我哪些该做的事我还没做。我想这是一种人性。现在当我感觉自己嫉妒别人时，会作出理智的决定——而不是怨恨，我尽力用嫉妒来激励自己，逼迫自己做得更好。

"所以，这其中的秘诀是，找真心支持你、鼓励你达到目标的人做朋友。几年前我做了一个决定，只与我喜欢交往的人做生意、交朋友。因为人生是如此短暂。

"所以，当你开始投资时，留意一下身边的人。与和自己想法相似、目标相同的人分享自己的投资目标，他们会拉你一把，而不是把你推倒。找出那些喜欢学习、希望成长的人，他们能够支持你实现梦想。你会发现新朋友越来越多。

"第二，寻找导师。导师是那些与你目标一致并已经有所成就的人。在不同领域可以有不同的导师：在投资方面、生意方面、健身方面、个人生活方面等。我的好朋友兼投资伙伴肯就是我的导师之一，他在西南地区拥有一家大型的房地产管理公司，是一位投资人。他能看清一项房地产投资的各方面情况。我喜欢和肯一起工作，一起讨论房产的潜在商机。我们会花很长时间分析房产的优劣。每次会面结束，我都兴高采烈地离开，因为我比之前懂得更多了。

"许多人问：'怎么找到导师？'对此我没有魔法公式，我的大部分导师似乎都是偶然遇到的。有句话是这样说的：'学生想学时，老师自然就会出现。'这句话说得很有道理，你决定投资，准备学习了，导师就会出现在眼前。

"第三，找一个女性投资团体。先前我说过，女人和女人之间能很好地相互学习，所以我鼓励女性朋友们组成投资小组。再重申一次，我支持的是那种以学习为主的小组，而不是集资购买投资项目的那种。你可以自由选择喜欢的投资伙伴。

"如果你们要成立投资小组，最好把标准定得高一些，邀请那些真正关心自己财务未来、愿意学习并采取行动的女性朋友加入。邀请抱有相同想法、有独立的见解并愿意探讨新想法和机会的女人参加你们的小组。

"举行专业的会议。理财是一件专业的事情。会议要准时开始，准时结束，每次都安排好日程。我参加过许多女性团体，最成功、最有效的是那些从一开始就以高标准要求成员的组织。

"投资俱乐部也是一个良好的平台，它会邀请专家做嘉宾演讲，帮助你的知识得到增长和提高。投资界有许多聪明人，我发现，最聪明、最成功的人通常都是那些乐于分享他们知识的人。可他们没有时间一一辅导求教者，但一般都愿意花些时间去某个兴趣团体做演讲。

"重点在于，要找一些能够支持你、真诚待你的人做导师（这适用于生活的各方面），他们会鼓励你在起起伏伏中继续走下去，去完成你的目标，特别是你的财务目标。"

要素7：投资是一个过程

"一说到投资，大部分人都会想着投资'热门货'。'告诉我该

怎么做？''我只要答案！''我有5000美元，该往哪里投？'

"他们希望快速致富。要成为一名成功的投资人，你需记住：

投资是一个过程。

"财务自由之路是一个过程，不可能在朝夕之间达到。世上没有一夜致富的计划。这就像学一门外语，你不可能只学了一天就说得很流利。你先得学些单词和词组，不断扩大词汇量。你不断练习、练习、再练习，才能慢慢学会怎么和别人交流。在这个过程中你可能会犯一些错误。不过，只要你坚持学习，最后一定可以说得很流利。

"每犯一次错误，你就聪明一分。我看过一个电视节目，介绍理查德·巴克敏斯特·富勒如何建造网络球顶——他最有名的发明之一。一组大学生在安装他发明的圆顶，试了许多次都没成功，总是倒下来。有一次，学生们认为找到了正确的方法，肯定能让圆顶立起来。富勒在上面看着，但快完成时，圆顶又一次倒下了。学生们失去了信心，非常沮丧。富勒却很开心，他激动地跳了起来，说：'我知道我们错在哪儿了！太好了！我们离成功更近了一步！'虽然圆顶没有立起来，但富勒并不难受，他知道这是一个过程，每走一步，就使他聪明一点，离目标也就更近一步。

"对我来说，这个过程永无止境，我每天都在学习，而且我知道，错误也是学习的一部分。我喜欢犯错吗？不，犯错的时候我也感觉很糟糕，但我知道为了学习，为了最终达到目标，我必须犯错。如果我在1989年第一次就投资一幢几百万美元的写字楼而且获得了成功，可能会发生两件事：第一，我会觉得自己很聪明，在投资方面可以无师自通。而事实上，我只是撞了大运而已。第二，我可能会再次这么做，因为我觉得自己是个天才。最终我可能以巨大的亏损收场，因为我并不知道第一次成功的真正原因，所以无法复制成功的经验。而通过经历这个过程，学习其中的每一步，你就能一次又一次复制成功。

"著名演员伊丽莎白·泰勒对这一过程感触颇深，她说：'这不是拥有，这是获得。'"

要素8：不断学习

"为了你自身的不断成长，以及你的投资不断增长，必须：

不断学习。

"这是真正的成功的关键。没有什么是一成不变的，市场在不断变化，法规也在不断变化。要成为一名成功的投资人，就必须顺应市场的变化，不断学习。你只有3种选择：追赶变化，超越变化，或者被变化超越。

"一位非常成功的房地产投资人卡伦告诉我的一个朋友说，她要去参加一个由一家私营公司举办的房地产培训班，为期两天。卡伦问我朋友是否想一起去。

"'你还需要参加房地产培训班吗?你每天干的就是这个,而且干得那么成功,他们能教你什么呢?'我朋友问。

"卡伦回答说:'也许这就是我比一般房地产投资人做得更好的原因吧,我始终关注着市场的前沿,新信息这么多,我从未停止学习。'

"我朋友没有和卡伦一起去。她也是房地产投资人,可问题是,她已有3年没有做过交易了,因为她的经验已经不再奏效,而又不愿去寻找新方法,她不再学习。

"还有一位八十多岁的朋友弗兰克,我觉得他会永远活下去,因为他从未停止学习。我每周都会收到弗兰克关于世界经济和投资的文章。这星期他在中国考察准备上市的金矿,下星期他又到加拿大温哥华上艺术培训课。他邀请罗伯特和我参加亚利桑那州斯科茨代尔市举行的独立产权公寓新概念私人交流会。他是我们富爸爸研究会的常客,懂得用最新、最好的计算机技术使业务经营更有效。他总是不断学习新东西,我很幸运,能不断地从他那里学习。

"不断学习要花精力,你不可能只在因特网上浏览一下,就知道如何跑马拉松了。你得亲自上跑道去跑,可能还得找一位教练,先开始短距离跑步练习,再逐步增加到一口气跑完20千米。这不仅需要体力上的坚持,还需要精神上的毅力,你得不断磨炼你的意志。

"所以,为了你的身体健康和财务成功,要不断地学习。"

要素9：玩得开心

"现在，我得提醒你们，千万不要忘了要素9，它可能是所有这些要素中最重要的一个。你们得保证你们会一直提醒自己记得它。"我说。

"我们保证！"她们回答说。

"要素9是：

玩得开心。

"我强烈建议你们，每次胜利时都庆祝一下，成功时要感谢自己。你的成功可能是财务上的成功，可能是克服了一个困难，可能是将恐惧抛在了脑后，可能是在你全情投入之时猛然意识到自己已有好几个月没为钱担心了，或者也可能是感觉非常自信，能够掌控自己的生活。投资的过程中会有许多成功，这些就是乐趣，值得庆祝。

"还有一种乐趣就是寻找下一笔投资，跟踪各项投资的进展，计算出如何增加投资的收益和现金流，学习一些新东西，让你的下一笔投资更赚钱；特别是当你看到有钱流入口袋的时候，真是太有乐趣了。"

总结

"这 9 项就是成为一名成功投资人的综合要素。"我总结道,"大家有什么问题吗?"

"想问的问题太多了,我肯定。"莱丝莉说,"对我来说,'玩得开心'倒是真的。"

"别忘了,你们保证过的哦。"我开玩笑道。

"我明白了许多,"特蕾西说,"我现在真正明白了,这是一个过程。只要我还在投资,这个过程将永不终止,因为总有新东西要学。"

"顺便说一句,我已经把 9 个要素记了下来,可以复印给大家!"帕特真诚地说。

第二十二章 "给我看看计划!"

> 女人就像茶包,放入开水中,才能泡出好味道。
>
> ——埃莉诺·罗斯福

之后,我们4个人交换了各自的想法,明确了我们各自的需要,然后实际地考虑如何才能达到目标。

两天的聚会接近尾声时,气氛变得热烈起来。我们似乎刚经历了一次训练,但感觉如此美好。我们完成了这次聚会的目标。

她们各自做好了行动计划,莱丝莉说:"我简直等不及回到家就想开始行动了。"

特蕾西、帕特和莱丝莉现在都非常明确自己想达到财务独立,她们为达到目标所做的具体计划各不相同。两天的聚会结束时,她们对各自的计划作了总结。

莱丝莉的计划

莱丝莉先说:"我来这里之前就知道,我的最终目标是获得现金流,这样我无需工作就能养活自己了。以前我跟你们说过,我讨厌为钱操心,更重要的是,我讨厌自己不得不去工作,我希望自己支配自己的时间。但我还是得继续工作,因为这是我目前唯一的收入来源。不过从现在开始,我要拿出所有收入的20%,存入投资账户。这对我来说可能有点难度,我只想快点把投资账户建立起来。"

莱丝莉继续说:"现在我对房地产产生了兴趣,我希望拥有自己的出租屋,我想与投资房地产的人们沟通,并为租户创造优美的环境。我已经了解到,我家附近有一些房子非常适合出租。我准备一回家就开始研究这些区域,就像你说的那样,我要成为一个区域的房地产专家。我甚至还想到了和两位熟悉的朋友合伙,他们可能也会对此感兴趣。我会小心行事,他们都是白手起家,所以只要和他们聊聊,就能学到点知识。我知道我的工作也许会妨碍我投资,但我已经准备好了。"

特蕾西的计划

特蕾西的方法有点不同:"我所在的公司被收购真正触动了我。我从未意识到自己对生活的控制如此之少,我竟然这么依赖这份工作。我喜欢做生意,我想自己干。现在正是好时机。即使公司不炒我鱿鱼,我也不会继续干下去了,因为如果要想在公司干得好,就得将我的全部生活奉献给公司和工作。早上6点半我就到公司了,却很少能在晚上8点之前回家。即使在休息时间,脑子里想着的也是工作的事,所以,我得换种活法。

"我的计划是这样的,我准备和丈夫一起好好整理一下我们目前的财务需求,然后我想做两件事:第一,我准备开始为自己工作。如果我愿意,明天就能找到3个项目!公司以外有好些熟人邀我和他们一起做管理项目,现在就是最好的时机。明天我就可以接受3个项目,虽然这并不会像逛公园那么简单,但它仍然不会让我搭上所有时间。仅这3个项目,就可能赚到跟我现在薪水一样多的钱。第二,我要花点时间进行投资,和莱丝莉一样。我只想投资那种能带给我现金流的资产。现在还不能确定具体投资什么,我想学习房地产,以及我经营范围以外的业务。希望我丈夫可以和我一起干,我要将所有这些告诉他,他肯定会很激动。所以第二步是确定我们想进行哪一种现金流投资,保证一周之内给你们答案。我可不想失去这两天带来的动力,要知道,这可是我记事以来最兴奋的一次,我终于感觉到要开始掌控自己的生活了。"

帕特的计划

"我似乎天生对股票认购权感兴趣。"帕特说。

"可能因为我爱做研究的习惯,我喜欢上网,对交易期权情有独钟。我得承认,这几个月里我的许多研究都涉及期权交易。

"所以我的计划是,学习如何进行股票认购权交易,就目前我所了解的,这可不是件简单的事情,所以我想好好学学,找一些好项目和好老师。先投入一点钱。光想想就令人激动啊!"

她继续说道:"我从来没有完全放弃写作,因此几年来我积蓄了一点私房钱,我将为学习花掉一些。我现在明白了,通过贸易赚的钱是资本利得,而现金流才是我的最终目标。因此,从股票认购权交易中赚到的钱,我将存入现金流投资账户,并最终用以购买能产生现金流的投资项目。

"所以,我想先通过股票认购权赚钱,然后用赚到的钱进行现金流投资。这个计划适合我,因为它可以让我通过投资赚到自己的钱,而不用依靠我丈夫。如果他也想参加,那最好,我们能更快实现这个计划,这正合我意。但如果他不参加,我仍要继续走下去,达到财务独立。"

"还有两件事,"帕特补充说,"我已经打电话回去和两位朋友说过了,她们说想一起组成一个投资学习小组。我得和她们面对面聊聊,看看她们是不是认真的。我想,旁边有人不断给予我支持会很有用。我还有一个有趣、大胆的想法——书的版税是很好的被动收入的来源,作为一名文字工作者,我希望能写出一本小说。实际上我曾经下笔写过一本书,它都在我电脑里躺了几年了。但现在我明白这太遥远了,我从未考虑过通过写书来获得现金流或被动收入。我只是梦想有朝一日能出一本书,但现在我发现,我可以将对写作的热爱结合到我的财务计划中去。我还计划写更多的文章向报纸和杂志投稿,将稿酬用于投资。就像特蕾西提到的,我的主要任务是将这两天获得的动力保持下去。我太激动了。"

该做的事和希望得到什么

莱丝莉补充说:"这一点说得不错,接下来还有许多事情要做,我不希望一离开这里就失去了热情。所以有人和我结伴而行非常重要。但我怎样才能避免被这些'该做的事'磨掉热情?"

"问得好。"我答道,"如果你总是关注那些必须去做的事,肯定会热情大减,因为这会令你疲惫。几年前我也问过这个问题,一位我非常钦佩的朋友是这么解答的:

你可能熟悉这样一个概念:成为–做–拥有(BE-DO-HAVE)。

BE 代表你是谁,你要成为谁;DO 代表你的行为,你做什么;HAVE 代表你所拥有的,你拥有什么。所以,"你要成为谁"和"你做什么"决定了"你拥有什么"。比如说,你想要个孩子,那么你就是想成为一个母亲,你要做的就是怀孕、去医院检查、保重身体、为孩子的出生做准备,最后生孩子。重点是,你开始要做的不是你必须做的这些事,而是你希望拥有的——我想要个孩子。

我继续说:"你们应该关注的是,你希望拥有什么,因为你想要什么,比你需要做什么更有激励作用。帕特,如果你想要在《时代》杂志上发表文章,那你先得成为什么呢?"

"我得成为一名初级作者。"她回答说。

"你得做什么?"我问。

"我得弄清楚《时代》杂志需要哪种类型的文章。在我这方面,可能需要学一些写作课程,温习一下写作技巧,我得研究这类文章,然后开始写。我必须查到给谁投稿,将稿子投出,并关注进展。如果被退稿,我可能得重复这个过程,直到有文章发表为止。很难知道这个过程中的所有步骤。实际上,如果我知道了所有步骤,可能就不会开始了。"她回答说。

"正是如此,"我说,"将重点集中在你希望拥有什么上,自然而然就知道该做什么了。到这一点为止,你要成为谁以及你做了什么,决定了你现在拥有什么。如果你想改变你所拥有的——就是这两天我们所讨论的——那么你必须得改变你要成为谁以及你要做什么。如果你不作改变,那么你能拥有的东西也不会变。而就我所听到的,你们都希望改变和改善你们所拥有的,对吗?"

她们都点了点头。

"你是怎么改变你是谁的?"特蕾西问。

我说:"以帕特为例,如果她想发表文章,先得成为初级作者。我对帕特没有不敬的意思,但现在她还不是世界级的作家,因为她缺乏练习。所以,她得先改变自己。她说过,她可能会参加写作班提高写作水平,了解目标出版物的最新情况,可能与主编见个面,跟他们建立联系,接受退稿,再写再投。做了这些之后,她就改变了自己,她将从一个普普通通的作者成为一名出色的作家。这有意义吧?"

"的确是这样。"特蕾西回答说,"我要成为一名成功的生意人和优秀的投资人,这就是我的目标,或者说,我想拥有的东西,决定了我需要变成什么样的人,以及该做些什么。"

"没错,大部分人都只是看到了很多达到目标之前必须做的事,所以他们从来得不到自己希望拥有的东西。"我补充说。

帕特大声说:"就像有人说过的:'如果我早知道要花那么多精力,我永远不会开始!'"

"对。"莱丝莉随声附和,"我将只关注我希望拥有的,那就是我的第一套出租屋,至于在这个过程中我将成为谁,以及必须做些什么,自然而然就会成形。"

信任你自己

"我知道天已不早了,但我还有最后一个问题,"特蕾西说,"在工作中常会遇到一些让我举棋不定的事,我发现,决定因素常常就在于我自己和我的直觉。这一点在投资中有用吗?因为我觉得'女人的直觉'可能是个优势。"

"我只能说说我自己的经历。我签订第一份出租屋合同的前一天,还在犹豫不决:'是的,我应该买下它。''不,我不该买下来。'我就快把自己逼疯了。最后,我对自己说:'你已尽力收集了资料,现在你得相信你自己。'我问自己:'去还是不去?'答案是'去'。第二天我买下了,事实证明这是一项极好的投资。

"现在,如果我不进行调查,没有获得信息,仅靠直觉就决定'买或不买',那就太愚蠢了。我发现,我做的交易越多,我的直觉就越准确。我有时会问一些问题,并思考:'为什么我会问这个问题?'然后我就会去找整笔交易的关键问题所在。

"我刚开始投资时,通过股票经纪人买过可口可乐公司的股票,那位经纪人是我朋友的朋友。买下之后,我没再过多地关心,直到有一天我发现这只股票涨得不错,我就打电话给经纪人说:'我想卖了可口可乐的股票。'

"他很快答复我说:'现在先不要卖,肯定还会再涨。我是专业人士,知道自己在说什么。'

"我告诉他:'可能还会再涨,但现在的利润我已经很满足了,我想抛了它。'

"他继续劝导我说,我可以赚更多钱,如果现在抛了,我会后悔的。最终我被他说服了,没抛。但接下去的几天里,这只股票持续下跌,最后我只好亏本抛掉了事。这就是我不信任自己和自己的直觉造成的损失。

"告诉你们,我在投资中和生活中犯的严重错误,正是由于不信任自己才犯下的——我允许别人说服我,采取了我原本并不认同的行动。这种时候,我不忠于自己的内心,做出的事也违背了本意,于是犯下大错。

"我同意你的说法,特蕾西。我认为在投资的世界里,直觉起着重要的作用。我也经常听从自己的直觉,但我不会仅凭直觉行事,不会被直觉牵着鼻子走。我常常会检查自己的直觉是否正确,我会做功课,收集资料,然后自己来判定。如果一切没有问题,我再向前进。"

"我的直觉告诉我,我们都会做得很好。"莱丝莉笑着说。

"先休息一下吧,结束之前让我再讲最后一个故事。"我对她们说。

第二十三章　加足油门

港口中的船很安全,但这并不是船被制造出来的目的。
　　　　　　　　　　　　　　——格蕾斯·霍波[①]

"我想和你们分享最后一个故事,然后我们一起去庆祝。"我宣布说。

特殊的礼物

"2004年的圣诞节,罗伯特送给我一份礼物,催我快点打开。对这份特殊的礼物,他好像特别激动,眼睛眨也不眨,充满期待地看着我。我迫不及待地撕开包装纸,打开了那个小盒子。哇!看看是什么:

[①]美国前海军少将,计算机科学领域的领军人物,她发明了编译程序语言和COBOL语言。

国际汽车大奖赛四日驾驶课程
亚利桑那州凤凰城邦杜兰高级驾驶学校

"我困惑地看着他,我可从没想过要这种圣诞礼物。

"'为我俩买的!'他说。

"'哦,我明白了,'我想,'他为自己买了份礼物,包起来让我拆开。'

"'为什么要学赛车?'我问。

"'我想肯定很有趣,'他说,'我们喜欢一起学习,所以我们可以一起参加这个项目!'

"我可从来没想过上什么赛车学校,但我们还是报了名,定了日期。"

赛车学校第一天

"我们驶上高速公路,从家里开往位于沙漠中的邦杜兰学校,去上第一天的课。我不知道会发生什么事情。我得承认,当时我们俩都有点紧张,有点担心。我以前从未在赛道上开过车。到那儿之后,登记完毕,去教室里找了个座位坐下——到目前为止,一切还好。几位教练走了进来,对我们表示欢迎,并讲了一些开场白。一位教练建议我们买保险,因为他说:'如果你们弄坏了车,就得赔钱。'

"'弄坏车?'我想,'他是在说我可能撞车吗?''好吧。'我不再紧张，恐惧取代了紧张。

"接下来教练要求每位学员站起来说说各自来上这个课程的原因。班里共有20人，当其他学员做自我介绍时，我和罗伯特面面相觑，两个人都流露出'我想我们犯了个大错'的神情。从介绍中我们得知，班里另有10个人并不是专业或业余赛车手，来这里只是想提高驾驶技术。只有我和罗伯特来自亚利桑那州。其他车手来自欧洲、南美洲、日本和美国各地。轮到我了，我站起来，用颤抖的声音说：'我是来玩的。'然后迅速坐了下去。我羞得抬不起头来，恨不得找个地洞钻进去。对了，我还是这个班上唯一的女性。

"教练继续说着第一课的学习内容：'你们每人将分配到一辆克尔维特车，先在各种障碍道上练习，并进行速度测试。在最后的测试中，你们将在直道上全速驾驶，我们会发信号给你们，你们的任务是用力踩下刹车，在几秒之内让车完全停下来。'

"是的，我怕得要命。

"我们每个人都穿上红色的连体赛车服，戴上头盔。我向我的车子走去，每走一步，心跳就加速一分。我不停地问自己：'我怎么会来趟这混水呢？'

"我小心翼翼地坐上了我的4号车，将座位移到位，调整好反光镜，系上安全带，然后深吸一口气，旋转钥匙，发动了引擎。

"我的教练莱斯将头靠到车窗前说：'跟着引导车，一辆接一辆开上赛道。玩得开心！'

"'为什么我要说自己是来玩的呢？'我问自己，真是个天大的错误。我将脚放在油门上,我明白,开弓没有回头箭。

"我得说,邦杜兰赛车学校的教学水平还真不赖。我这个毫无赛车经验的人,在他们的指导下,也喘着粗气完成了一项又一项练习。有时教练会坐到驾驶座或副驾驶座上,为我做更加细致的示范,每当这时我总是很有安全感。我向你们强烈推荐这个项目,杜邦兰学校确实激发了我的潜力。只是得有些心理准备——我在4天的课程里只经历了两种情感:极端的恐惧和极端的振奋,中间别无其他。"

赛车学校第二天

"每一天我都要经历新一轮的恐惧。第二天,教练同第一天一样向我们简要介绍一天的安排。我觉得这时候甚至比真正开车时更可怕,我坐在教室时,听着那些不可思议的任务。这一天,我们得在真正的赛道上开车了——我们得互相比赛。我瞥了一眼罗伯特,心想:'都是你的馊主意,我们来这里干什么呢?记住,这都是你的错!'

"教练的要求,我都照做了。那天我最大的收获是在赛车练习开始时,教练要我们将车一溜儿停在赛道上。我们模仿真正的赛车比赛的样子,一起慢慢将车开过去。

"车子一起慢慢地在赛道上散开,旗子挥动之前,谁也不能超过谁。教练带着旗子站在指挥塔上,我看着塔,等候信号。突然,教练挥动了旗子,出发!每位车手都像离弦的箭一般冲了出去,大家都想拔得头筹。这种训练我们做过几次了，前几次我总是退缩，让别人超过我，让自己被恐惧征服。第三次，我知道我得勇敢一点。我们将车排好队，这次我在队伍的前端。我们绕着赛道跑了两圈，等候发令。我紧张地看着，来了——教练挥动旗子，我猛踩油门冲了出去，把大部队甩在了身后，前面只有一辆车，那家伙还没等信号发完就冲出去了。我超过了他，遥遥领先！'这对一个女人来说已经不错啦。'我有些自嘲。后来才发现那个被我赶超的家伙对落败尤其是对输给女人耿耿于怀。我对这次胜利更为自得。"

赛车学校第三天

"第三天与前两天一样令人恐惧和振奋。当我放松下来，稍稍感觉镇定些之后，教练们又一次提高了标准，每完成一项训练，就增加一点难度。

"第三天的训练完成后，我们回到教室作总结汇报，同时教练们会宣布接下来一天的安排。我的教练说：'你们在这3天中学到了些基础技巧，你们学会了如何滑行、旋转、回转等。明天要综合起来，明天把克尔维特车交了，分配给你们的将是F1赛车，你们要在赛道上全速拼抢。由于F1赛车只有一个座位，教练只能在你们进站时给予指导，不能再陪你们一起在车里了。全得靠你们自己。'

"对于像我这种不熟悉赛车的人来说，F1才是真正的赛车，它的座舱很小，只能伸直了腿勉强挤进去，把脚放在踏板上。

"我的心怦怦直跳，教练的一席话给我带来了更大的恐惧。那天晚上在开车回家的途中，我和罗伯特几乎没说话。我在想明天会有什么任务，我脑子里不断地出现赛车猛烈相撞的情景，就像娱乐体育电视网（ESPN）上看到的那样。我还怎么睡得着呢？"

赛车学校第四天

"那一刻终于来临了。当我走进教室时，那里比平常更安静。说话的只有那些经验丰富的职业车手，其他人都沉默不语，假装自己并不是怕得要死。

"教练走进教室，告诉我们当天的安排。我听到'如果你的车失去控制，如果你冲出了赛道，如果你撞坏了车或者撞到其他车手……'这样的句子，一下子就紧张起来了，其他的话再也没听进去。

"我走入女更衣室换衣服，由于我是这次课程中唯一的女性，更衣室总是由我独享。因此我有更多时间静静地面对自己的恐惧情绪。'真不敢相信自己竟然花钱来受这份儿罪。'我想，'这是我做过的最疯狂的一件事，第一天他们卖保险给我时我就该明白。我可以假装生病了。什么？假装？看来我还真病得不轻！'这些想法在我脑海里翻腾。

"我走出去，罗伯特在等我。我们默默地走着，阴沉着脸，手挽着手穿过停车场，向停放 F1 赛车的车库走去。这种感觉就像又回到了第一天。教练们不慌不忙地确认每个人是否适应他们的赛车。我被带到了我要开的车前,我的教练莱斯嘻嘻哈哈地和我开玩笑,想缓解我的紧张情绪。座舱很狭小,滑进座位简直就跟穿一条小了两号的牛仔裤一样困难。"

发动引擎

"坐进车里之后,系好安全带,调整好反光镜,我试了试排挡,排挡和前几天开过的克尔维特车大不相同。车库的大门打开了,我听到教练说:'好了,各位,发动引擎吧!'我深吸一口气,紧张得试了3次后,终于发动了引擎。然后依次排队跟着引导车驶出了车库,开进赛车站。戴上头盔后,我能听到自己的每一次呼吸。我满脑子想的都是怎么将车开上赛道,其他什么也不想。在赛车站中,教练给了我一些最后的指导,并说:'准备好之后,上赛道开几圈,别太快,先熟悉一下车。'

"我鼓足勇气,慢慢地驶出赛车站,驶上赛道。这个时候,许多老练的车手已经在车道上飞速前进了。到达第一个转弯时,我大声地对自己喊着指令:'减挡!减挡!顶点!顶点!顶点!对了!前进!前进!前进!'我成功地驶过了第一个转弯,激动万分。我加快了速度。每驶完一圈,我的信心就增加一分。然后,教练发信号让我们列队,在他们的引导下,我们在赛道上又练了几圈。

"熟悉赛车的过程大约进行了两个小时,然后,他们认为我们可以比赛了。'看到方格旗就说明应该离开赛道了。再开一圈冷胎圈①后进站。'一位教练提醒我们，'让开得快的车超过去，如果在赛道上出了问题，只要举起手，就会有人来帮你。前3天的训练现在该派上用场了，祝你们好运！'

"然后，我们都戴上了头盔，挤进赛车，驶上赛道。那时我的感觉已经好多了，驶到直道前的转弯时，我已经开了大约有10圈了。开到转弯时，我忘了减挡，车速太快了，我努力想控制住车，但车开始打转。我想也没想，下意识地按前两天学的作出反应，转了有四五圈之后，我的车停在了赛道中央，车头向后。'哇！我成功了！'我想，'我刚刚成功地处理了赛车中我最恐惧的事——车子失控。车子失控了，但我没事。'我为自己激动万分，刹那间对自己充满信心。"

改变一生的课程

"我将车掉过头，继续开。但我发现，即使我仍在赛道上一圈一圈地开，即使我将车控制得很好，我仍感到灰心。在开克尔维特车时，有车手超过了我，但我也超过了许多车手，我能跟上别人。但在开F1赛车时，每个人都超过了我，我是最后一个，我不明白这是怎么回事。几圈中我都在想这个问题，最后我把车开进了赛车站。

"莱斯走过来问我：'你碰到困难了吗？'

"'是啊，不知道为什么，'我回答说，'开克尔维特车时我能超过别人，但今天却只能让别人超过我，可能是我开得太慢了。'

---

①赛车术语，指比赛结束后，全部赛车减速继续绕场行驶一圈。

"然后他说了一句话，改变了我的一生。莱斯问道：'告诉我，你加足油门了吗？'

"'加足油门？你是说将油门踩到底吗？'我问。

"'对，就是这个意思，'他说，'你加足了吗？'

"我很快答道：'我没有。'

"莱斯指着赛道说：'他们都加足油门了。'

"'所以他们会超过我？是因为他们加足油门了？'我说，'我不知道自己能不能做到。'

"莱斯看着我的眼睛，微笑着说出了一句具有魔力的话：'金，你做了这么多，不会就是为了现在放弃吧。'然后他就走开了。

"'可恶！'我想，'还没结束呢，就算课程已经到了最后几小时，我也不会放弃。'

"我在赛车站里坐了几分钟，我知道，莱斯在看着我。我慢慢驶到赛道的入口，心里还是有些不确定要怎么做。我等到一个空挡，加速，又回到了赛道上。一圈下来，我的耳边不断地回响着莱斯的话：'你做了这么多，不会就是为了现在放弃吧。'到了第二圈，我将油门踩到底，几秒之内，我已全速前进。完成这一圈时，我第一次超过了一辆车，不禁兴奋地尖叫起来。随后，我又回到了赛车的紧张状态。

"奇怪的是，我发现，在全速前进时，驾驶和转弯实际上变得更容易。太高兴了！我全神贯注地开着车，轻松地转过每个弯，却没注意到方格旗。当我开到直道上时，看见3位教练站在赛道中间，一起挥动方格旗。我是唯一一个还留在赛道上的人了，其他人都回到了赛车站。在开冷胎圈时,我对自己笑了,最后开进了赛车站。

"我停好车,扬扬自得地脱下头盔。莱斯站在旁边。'你做到了!祝贺你!'他说。

"'太好了!我发现加足油门实际上可以开得更好。其实生活中也是这样!'我大声说。

"'还有件事我没告诉你,'他说,'因为不想让你找到放弃的理由或借口。'

"'你想说什么呢?'我问。

"'参加这门课程的大部分女性,在 F1 赛车中一开始都不敢加足油门。'莱斯说。

"'和我一样?'我说。

"'是的,不过你和她们有一点不一样。'

"'哪里不一样?'我问。

"莱斯说:'她们进站后,我也对她们说过同样的话——但 90% 的女性仍不敢加足油门,她们放弃了。我没告诉你这个,是因为不想你对自己说:大多数女人都做不到,所以我也做不到。关键是,如果你不加足油门,就会错过这项运动的精髓。'

"我默默地对自己说:'如果你不加足油门,就会错过生活的精髓。'

"那次课程改变了我的生活。"

第二十四章　庆功宴

> 一个姑娘从出生到18岁,她需要好父母;从18～35岁,她需要好相貌;从35～55岁,她需要好个性;55岁以后,她需要好现金。
>
> ——索菲·塔克[①]

"我想你的驾驶水平提高了。"特蕾西评论道。

我笑了。

"好了,今天就到这里结束吧,或者说这两天就到这里结束。"我宣布道。

然后我们准备去吃一顿悠闲的晚餐。

在这两天里,我们都有所变化。我们坐上我的车,驶向不远处一家相当不错的意大利餐厅,这里以家常意大利面和新鲜的枪乌贼而闻名。服务员为我们泊了车,迎宾员将我们迎入餐厅。"你

[①] 美国著名喜剧女演员、歌手,是20世纪前半期最负盛名的演艺界人士。

们的餐桌已经准备好了，用餐愉快！"

"好的！"莱丝莉俏皮地对他说。

服务员走上来问："各位想点什么酒？"

我们的"组织者小姐"帕特说："来点香槟？"

这主意不错。

帕特点了酒菜，服务员退了下去。

"对我来说，这是改变人生的两天。"莱丝莉说。

"我现在满脑子都是从你们那儿学到的东西，谢谢你们。"

我们轮流分享了各自在这两天里的感受，以及计划怎样改变我们的生活。

特蕾西总结说："我的生活将与从前大不相同。看看我们公司现在这种情况，以及我在财务上的困境，我在来这儿之前就知道，如果再不作些改变，我的生活还会是老样子——也许还会更糟。这两天是我这些年来我第一次感到自己重新掌控了自己的生活。"

这时候，服务员带来了香槟和酒杯，为我们斟上。

"我们来干一杯吧！"莱丝莉提议说。

我们都举起了酒杯。

"祝贺我们大家！我们之间的相互支持和鼓励令人惊讶。显然，希望我们大家都能达到自己设定的投资目标。我觉得，如果我达不到目标的话，就给你们比下去啦。就为这一点，我也得努力。能成为这个小组中的一员，我真高兴。为我们大家干杯！"

"为我们大家！"我们齐声说。

"为我们大家，也为了我们的财务独立！"特蕾西加了一句。

我们再次举杯。

想法的变化

帕特说:"今天早上我醒来时,想起了20年前我们在火奴鲁鲁的最后那次聚餐。我们当时的想法都差不多,追逐着自己的事业目标,其后的人生道路却迥然不同。但现在,20年之后,我们又聚在了一起,不再热切地追寻自己的事业,而是再一次踏上一条相同的道路,这次我们追寻的是投资目标。"

"这对我来说是个很大的变化,"莱丝莉回答说,"为了实现这个目标,我这个平时只会跟画笔打交道的画家,竟然花了两天时间学习和讨论金钱、投资,还和你们一起制定了达到财务自由的计划,这让我吃惊极了。我以前从没想过自己会这么做,总觉得理财和投资跟我不相干,但我现在意识到,我能做到……我很激动!"

特蕾西说:"我从来不知道,我一直担心丈夫或自己失业,是因为我允许别人来控制我的生活。我等着老板来告诉我,未来10年我的情况是怎样的。我现在一点也不担心了,我对自己说,虽然我没有早点认识到这些,但现在也不晚。好笑的是,现在我倒希望自己被炒了,这样就与公司没什么关系,可以开展我自己的新业务了。现在,我的想法变了!"

"你说得对,特蕾西。"我说,"关键就是改变想法,改变思路。你现在不再认为你的工作或薪水是生活的支柱了吧?"

"我当然不会这么想了,"她回答说,"我以前总以为挣薪水是赚钱的唯一途径,别人愿意付给我多少,我就只能赚到这个有限的数额。现在我的想法变了,我能赚到的钱是无限的,通过自己的生意和投资,我可以自己决定赚多少钱,是真正无限的。就凭这个想法,这两天已是无价的了。"

莱丝莉说:"在我到这里和你们相聚之前,我还以为,多打几份工是多赚些钱的唯一方法,我还觉得薪水是最主要的。光是想想要多打几份工就让人够累的了。现在,我目前的工作只是被我看做是帮助自己达到财务自由这一目标的工具。现在我要以全新的态度来对待画廊的工作,对许多事情也有了新的看法,因为以前我总在为支付账单担心,浪费无谓的时间,现在我要开始做自己想做的事了。我第一次看到了隧道尽头的曙光。我不会再担心了,我要采取行动!"

随我而变

"当你开始变化时,你周围的事情也会跟着变化,这很有趣。"我说。

"没错,"莱丝莉赞同道,"我眼中的工作不同了,我眼中的老板不同了,就连账单也不一样了。但实际上我的工作、老板和账单本身一点都没变。是我在变!不知道我的前夫会不会也变得不一样,奇迹也许真的会发生。"

帕特笑了:"我明白你的意思,我刚来这里时也希望我丈夫改变,但现在改变的人不是他,而是我。我已经不再觉得没他我就做不了这个,而是明白了迈出第一步的应该是我。我当然还是希望最终他能和我一起干,但这取决于我。明白了这些,我就像卸下了一块大石头。"

我补充道:"说不定你的想法转变了,你回去之后他的想法也跟着变了呢。"

帕特笑了。

"既然我是这个小组的组织者,我有一个提议,我们说过要保持这两天所带来的动力,我想这很重要。"

"我猜你这个提议正是我现在所想的。"莱丝莉说。

"我提议在接下来的半年内,我们4个人每个月进行1小时的电话会议。"帕特建议说。

"因为特蕾西、莱丝莉和我都是新手,这对我们会很有帮助。如果金愿意提些想法,我想我们的讨论会更热烈,会取得更大的成功。你们觉得呢?"

我们4个都同意了,帕特当场让我们确定了第一次电话会议的日期和具体时间。

这时,服务员走了过来:"老板注意到你们4位在庆祝一件非常重要的事,所以她免费送你们4杯香槟,她说:'祝贺你们!'"

我们高兴地谢过服务员和老板。

特蕾西站起来说:"来干一杯,谢谢你们大家,这么多年来我第一次觉得自己掌控了生活。让我们为美好的生活干杯!为健康、为幸福、为我们梦想中的现金流干杯!"

"干杯！"

结束

回到家以后，帕特的电话留言中有一封来自贾妮斯的留言，她说："不知道我在想什么？我是不是疯了？那家伙根本不是想找女朋友，他是想吃软饭！真无耻！我竟然没看出来。他甚至长得也不算英俊！你们的聚会肯定很开心吧，真希望我也去了。最让我恼火的是，我本来可以和你们4个一起打造我的未来，结果却把时间浪费在了这家伙身上，还以为他才是我的未来！"

最后一点想法

许多人都说，金钱不是生命中最重要的东西。也许这是真的。但是，金钱却实实在在地影响着每件重要的事情——你的健康、你的教育，以及你的生活质量。金钱可以带给你两种情况之一：束缚或自由！把你束缚在你的工作上、债务上，有时甚至会束缚你和另一半的关系；而另一方面，金钱也能够带给你自由，让你自由选择自己想要的生活。

感谢你阅读本书！

术语表
常用金融和投资术语

会计师 需要受正规的会计学教育，而簿记员就不需要。会计师负责处理你每日的财务需求，包括制定财务报表。会计师也可以制定纳税申报单。

资产 不论你是否工作，都能把钱放到你口袋里的东西。资产包括房地产、商业机构，以及股票、债券和共同基金等纸资产。

债券 可以是免税的市政债券、美国政府发行的国债，或反映公司债务的公司债券，由发行机构向购买者支付利息。

簿记员 为你登录账目明细。大部分情况下，你希望找一个"全能"的簿记员——他为你支付账单、为其编码、标明应收应付账目、做薪水册、制定财务报表。有些簿记员会为会计师准备资料，方便会计师制定财务报表和纳税申报单。

现金 储蓄账户、货币基金、投资证明书。

现金流　作为收入流入你口袋的钱，与作为开支和债务流出的钱之间的差额。现金流可正可负。

现金的现金回报率　每项投资的盈亏结算一览——表明你投入的资金让你获得了多少收益，或受到了多大的损失。

资本利得　买入和卖出某项投资的价格差额。在此过程中基本不改进资产，也不投入其他资金。

商品　包括金、银、铜和其他贵金属，或猪肉、小麦、玉米等实物。

普通股　公司发行的所有权凭证，赋予购买者该公司的股份所有权。购买者可以分红，也可以抛售得到资本收益。

注册会计师（CPA）　需要通过国家统一考试，获得CPA证书。CPA有不同的专业，并不是所有的CPA都是税务专业。CPA可以帮你解决公司的管理问题（作为首席财务官或审计官），为公司的贷款计划审计财务报表（稽核员），或帮你制定税务计划。（在有些国家被称为特许会计师。）

劳动收入　你工作的收入。

财务报表　财务报表有多种类型。损益表显示的是某个固定周期内的收支明细。资产负债表是特定时间内的资产和负债说明。现金流报表则详细记录了流入和流出的现金。个人、房地产项目、商业机构都有各自的财务报表。

知识产权　原创作品权利，比如一项发明、一件产品、一个商标等创造性劳动的无形智力财产权，可以通过专利权、商标权和版权受保护。

杠杆作用　以小成本实现大收益的一种信贷手段。

负债　从你的口袋里往外掏钱的东西，包括信用卡债务、抵押贷款、汽车贷款、助学贷款等。

被动收入　从你投资的商业机构、特许经营权和出租屋等项目中获得的收入，是你无需工作就能获得的收入。

证券投资收入　从纸资产投资中获得的收入，如通过投资股票、债券、共同基金等获得的收入。

投资收益（ROI）　从投资中获得的收益与投入资金总额的比值。

财富　按理查德·巴克敏斯特·富勒的定义，是指保持你目前的生活水平，在不工作的情况下，你能够继续生活的天数。

房地产术语

可调利率抵押贷款　利率在贷款期间呈周期性变化的抵押贷款。

分期偿还　定期逐步付清包括本金和利息在内的债务。

年度百分比利率（APR）　借款的有效年利率。APR能够反映出贷款的所有费用——包括贷款利率、贷款初始费和其他费用。通常比贷款利率要高。

评估　由房地产分析和评估的专业人员作为第三方公证人对房产进行的估价或判断。

可转让贷款　房产原来的贷款，可由卖方转给买方。

大额尾付贷款（或称气球贷款）　抵押贷款中，借方在贷款期间只支付利息，不偿还本金，但要在预定的到期日一次性付清大额本金。气球贷款的利率可能更优惠，但得在规定时间内全部付清所有贷款（或获得新贷款）。

利率上限　根据可调利率抵押贷款条款，贷方可提高到最高的利率界限，以百分比表示。设置上限是为了防止因不可预料的利率上涨而让借方遭受较大的损失。

资本化率　运营净收入与购买价格之比。计算时并不考虑债务，因而能够显示出房产价值。一般认为，资本化率越高，房产的价格相对于其价值来说越低；资本化率越低，价格相对价值来说越高。

现金的现金回报率（在房地产交易中）　房产的年度现金流与投入该房产的现金（通常是首付和手续费）的比值，以百分比表示。

手续　房地产的所有权从卖方转给买方的过程，包括交付地契、签署文件以及付清交易所需的各类费用。

手续费　完成房地产交易所需的费用。

中介　你选择的第三方代理人（律师、托管代理机构、产权公司或专业的中介），为你处理实际交易中的所有问题。

附带条件　报价单或合同中所附的，满足后才能进行交易的条件。

成本分解　一种账目处理策略，帮助你加速折旧你的房产。

还价　购买房产时，对报价做出的反应，可以提出新的或不同的条款和条件。

信用报告　由当地零售信用协会对个人还贷能力做出的评估。

债务　房产的抵押或其他贷款。

延期维修　卖方未做的必要修缮。交易中发现延期维修可能是个机会，你可以借此谈判到更低的价格。

首付 买方在交易完成后支付的一定比例的房款。不同类型的贷款可能要求不同比例的首付。

审查评鉴 对房产的物理性质、财务状况和法律属性提供精确完整信息的审计过程。

净值 房地产减去抵押和其他相关债务后的价值。

托管 将钱或房产交由第三方保管的法律行为,直到满足某些条件为止。

禁反言证书 由各租户出具的书面证明,说明所付的租金,以及在余下的租期内,房东对租户承诺的某种减免,以防止房东反悔。

收回 依法收回租户所租用的单元或房产的行为。租户不付租金,或违反其他租借条款时,房东有权进行收回。

筹资条款 规定可用贷款的类型(新贷款、卖方筹资、可转让贷款等)、筹资额以及预估利率的条款。

固定利率抵押贷款 在一段或整个贷款期限中,抵押贷款的利率固定。利率通常比可调利率抵押贷款要高。

翻修房产 需要修理和翻修的房产。

没收 抵押贷款终止后房产所有权由贷方接管的法律程序。不还贷通常房子会被没收。

自售(FSBO) 不经过房地产专业服务直接出售房产。

内部收益率(IRR) 假定你将投资获得的所有收入(被动收入和现金流)立即用来进行新的投资,进一步获得的投资收益。

利息 贷方向借方收取的金额,以其与总额的百分比表示。

租约 房东和租户之间就出租屋的使用所签订的具有法律效力的

协议或合同。完整的租约中规定了房东与租户之间的所有条款和条件。

杠杆作用（在房地产交易中） 向贷方借钱购买房产就是杠杆作用的一种形式。你只要投入一小笔钱，其余部分向银行贷款，就可以百分百买下该房产。

贷款服务 抵押贷款中所涉及的文书工作。

贷款价格比 抵押贷款金额与所购房产价格之比值。例如，贷款8万美元购买总额10万美元的房子，贷款价格比为80%。

到期 应全部还清贷款的日期。

抵押贷款协议 借方将房产作为抵押物，支付一定利息取得贷款的书面协议。

抵押贷款经纪人 配合金融机构向房产投资者提供贷款的专业人员。

通知 采取某种规定行动的时间，必须书面约定。租约中通常规定，在检查房产，收取滞纳金或开始收回程序前，房东必须提前一定天数通知租户。

报价单 也称为意向书，向另一方提出购买某项房产，并进入谈判程序的邀请。

贷款初始费 向借方收取的与发放贷款有关的费用，以其与贷款总额的百分比来表示。

PITI 本金（Principal）、利息（Interest）、税（Taxes）和保险（Insurance）的简称，表示抵押贷款中每月还款可能包括的项目。

点数 抵押贷款金额的一个百分点。点数常常用来表示进行贷款时贷方收取的额外费用,作为安置费或服务费。

提前还款罚金 在到期前还清抵押贷款时,贷方向借方收取的费用。

私人抵押保险(PMI) 由私人公司发行,对常规抵押贷款的违约行为承担赔偿责任。首付低于房产总额的 20% 时,借方常被要求购买这种保险。

预测表 按预期情况而不是实际情况显示的收入、支出和筹资条款的预编财务报表。

房地产 土地和建筑物。

房地产购买合同 也称为销售协议,规定了房地产交易的条款和条件,是依法约束买卖双方的协议。

卖方筹资 卖方扮演银行的角色,为买方提供一部分购房资金;买方按约定向卖方支付本金和利息。

服务合同 维修方与提供服务的机构签订的进行常规维修或紧急服务的书面协议。提供服务的范围包括庭院设计师、水管工、电工或杂工等。如果你拥有几套房产,服务需求较频繁时,值得签订服务合同。

期限 必须偿付贷款的时间限度。

所有权证书 载有具体房产所有权的法律证明。

审贷 参考借方的偿贷能力,以及作为抵押品的房产的价值,正式批准或拒绝其贷款申请的法律行为。

空置率(在房地产交易中) 表示未租出单元与所有单元的百分比,或某一单元全年未租出时间与全年的百分比。

区域划分法 规范土地使用、人口密度以及建筑物规模和使用的法规,由当地政府制定。区域划分法一般随社区的发展而改变。

用于分析房地产投资的术语

每单元价格 房产的要价或购买价与总的可出租单元数的比值。

每平方米价格 房产的要价或购买价与可出租面积的比值。

户型 房产单元的房屋类型,即小型办公室、一室一卫、两室一卫等各类户型。

每平方米租金 某个单元的租金与该单元总面积的比值。在比较类似房产的租金水平时,每平方米租金所反映的信息更精确。

总收入 以一个月或一年为单位的所有单元所有收入的总和,不管实际上是否租出。

空置率(在分析房地产时) 无租金收入的未租出单元与应有总收入的百分比。如果你应有的总收入是1000美元,空置率为10%,则只能获得900美元收入。

其他收入 洗衣房、车库、售货机等带来的额外收入。

出租损失 当你收取的租金低于市价时,就会出现出租损失,可以用市价减去你收到的实际租金来计算。

运营费用 运营该房产产生的所有费用。

运营净收入 总收入减去总运营费用得到的净收入。

债务或偿债(在分析房地产时) 某房产的债务或抵押还款。

现金流(在分析房地产时) 某项房地产投资的利润或亏损。现金流的计算方法是，总收入减去运营费用再减去偿债。

现金的现金回报率（在分析房地产时） 年现金流金额除以投入到该交易中的现金金额（主要为首付款），以百分比表示。

纸资产术语

美国证券交易所（Amex） 原名为纽约场外证券交易所，成立于1842年。正如其名所示：交易实际在街上进行，直到1921年才移入室内。1953年，正式更名为美国证券交易所。

蓝筹股 从扑克牌中借用的术语，玩扑克牌时，蓝筹最值钱。这里是指最大、最能赢利的公司的股票。蓝筹股名单并非官方公布，而且是不断变化的。

账面净值 公司资产和负债之间的差额。例如，负债过多使账面净值较小或偏低，说明虽然公司业务繁多，但利润有限。有时账面净值偏低也意味着资产被低估，专家认为这些公司是优质公司。

原产品 原产品即原材料——用来做面包的小麦、做首饰的银、加工成汽油的石油以及无数其他产品。原产品的价格以供需为基础。

衍生品 从原产品派生出来的金融工具。其价值的变化以金融资产、指数或其他投资的表现为基础。

普通股（在纸资产投资中） 公司的股权。最初由公司售出，然后在投资人之间进行交易。买入普通股的投资人希望分得红利，作为他们的部分赢利，并希望股价上涨，这样他们的投资才能赚得更多。普通股不提供履约保函，但长期持有可能获得比其他投资更高的收益。

优先股 由公司发行并由投资人交易的所有权股票。优先股股东的特别权利就是可优先于普通股股东分得公司收益。优先股最初由公司售出，然后在投资人之间进行交易。

红利 股东的利润分配。按证券种类比例分配，红利可以是现金、股票，也可以是公司产品或房产。

股息率 投资人在某普通股或优先股上赚得的年收益率。每股的年股息称为指示性股息，将其除以目前每股的市场价可得到股息率。

道琼斯工业指数（DJIA） 以30只股票衡量市场表现的指数。

每股收益 利润与股票数量的比值，如果收益每年增长，则意味着该公司在成长。

股本 股东所占的公司资本的份额，多指股票，与债券相反。

期货 在特定日期以预设价格买卖的特定商品，如玉米或黄金。

对冲基金 私人投资合伙企业（美国投资人）或境外投资公司（非美国投资人或免税投资人）进行大量个人投资时，在其发行的备忘录中允许用基金进行投资，或利用杠杆作用和衍生品进行投资，或者在许多市场进行投资，使投资收益与负债互相冲抵而获利。

首次公开发行（IPO） 公司一经上市，管理层则首次公开发行股票，这意味着投资人可以购买该公司的股票。

共同基金 把许多人的钱集中起来进行专业化投资运作的机构。

纳斯达克（美国国家证券交易商自动报价系统协会） 美国主要的大公司及国际公司的股票都会在纳斯达克实时报价，通过国际的电脑和电信网络向 83 个国家的 130 多万用户传送。

纽约证券交易所（NYSE） 纽约证券交易所为股票交易提供场所、设备，并规范交易，但不设定股价，股价由供需以及交易过程决定。

柜台交易市场（OTC） 2.8 万余家小型新公司在柜台交易市场交易股票。这个名称起源于真正在柜台上从本地经纪人处买股票的时代。

招股说明书 销售证券的正式书面报价。公司在其中向投资人提供了作出投资决定所需的企业已有业务或计划业务的相关阐述。

买方期权

　　买入：期满之前以行权价格购入某项物品的优先权。

　　卖出：期满之前以行权价格卖出购买某项物品的优先权。

卖方期权：

　　买入：期满之前以行权价格卖出某项物品的优先权。

　　卖出：期满之前以行权价格出售卖出某项物品的优先权。

股本回报率 公司每股收益与账面净值的比值，以百分比表示。

股票分割 指将一张面值较大的股票分割成几张面值较小的股票。股票数量增加，如果股价上涨，则股东可以多分利息。

反向股票分割 在反向股票分割中，股票的数量会由多变少。比如从 10 股到 5 股，价格相应提高。反向分割的作用在于提高股价。

美国证券交易委员会（SEC） 在经济大萧条复苏时期，曾经出现过股票交易丑闻，因此美国政府于 1934 年成立了美国证券交易委员会，其任务是规范券商的行为。

卖空 预期股价下跌时从经纪人手中借入不属于自己的证券或商品期货合约卖出,日后股价果然下跌,再以低价买进归还经纪人,以便从中赚取差价,或保护长期的利润。

股票经纪人 证券交易所会员客户的经纪人或经销商的雇员,是客户的业务管理人。

债券类型

公司债券:公司向投资人发行债券,而不向银行贷款,以进行财务扩张和其他活动。

市政债券:美国各州、市和其他地方政府发行的100多万市政债券,用于市政建设和其他项目。其优点在于免税。

中长期国库券:由联邦政府发行的中长期债券,用于支持政府运作、支付国债利息。

短期国库券:为国库券之一,在货币市场中占很大比重,货币市场主要是短期债券市场。政府使用短期国库券迅速筹集资金,利率低于中长期国库券。

机构债券:许多联邦和州机构发行债券为自己的运营和项目筹资。其中最受欢迎和最有名的是抵押贷款协会的债券,俗称吉利美、房利美和弗雷迪马克。

美国国债 美国财政部提供3种国债:长期、中期、短期国债,主要区别在于期限不同,从13周到30年不等。

风险资本 是启动公司和从事其他新业务的重要融资渠道,需承担一定的投资风险,但潜在收益高于普通投资,也称为风险资金。

提高财商的三个方法

方法一：阅读"富爸爸"系列书籍

财富观念篇
《富爸爸穷爸爸》
《富爸爸为什么富人越来越富》(《富爸爸穷爸爸》研究生版)
《富爸爸财务自由之路》
《富爸爸提高你的财商》
《富爸爸女人一定要有钱》
《富爸爸杠杆致富》
《富爸爸我和埃米的富足之路》
《富爸爸那些比钱更重要的事》
《富爸爸第二次致富机会》

财富实践篇
《富爸爸投资指南》
《富爸爸房地产投资指南》
《富爸爸致富需要做的6件事》
《富爸爸穷爸爸实践篇》
《富爸爸商学院》
《富爸爸销售狗》
《富爸爸成功创业的10堂必修课》
《富爸爸给你的钱找一份工作》
《富爸爸股票投资从入门到精通》
《富爸爸为什么A等生为C等生工作》
《富爸爸8条军规》

财富趋势篇
《富爸爸21世纪的生意》
《富爸爸财富大趋势》
《富爸爸富人的阴谋》
《富爸爸不公平的优势》

财富亲子篇
《富爸爸穷爸爸（少儿财商启蒙书）》(适合3~6岁)
《富爸爸穷爸爸（青少版）》(适合11岁以上)
《富爸爸巴比伦最富有的人》(适合11岁以上)
《富爸爸发现你孩子的财富基因》
《富爸爸别让你的孩子长大为钱所困》

财富企业篇	《富爸爸如何创办自己的公司》
	《富爸爸如何经营自己的公司》
	《富爸爸胜利之师》
	《富爸爸社会企业家》

方法二：玩《富爸爸现金流》游戏

《富爸爸现金流》游戏浓缩了《富爸爸穷爸爸》一书的作者——罗伯特·清崎三十多年的商界经验，让我们在游戏中模仿和体验现实生活的同时，告诉游戏者应如何识别和把握投资理财机会；通过不断的游戏和训练及学习游戏中所蕴含的富人的投资思维，来提高游戏者的财务智商。

扫码购买《富爸爸现金流》游戏

方法三：关注读书人俱乐部微信公众号，在读书人移动财商学院学习财商知识

北京读书人俱乐部微信公众号由北京读书人文化艺术有限公司运营，为富爸爸读者提供既符合富爸爸理念又根据中国实际情况加以完善的财商相关课程，帮助读者系统地学习和掌握富爸爸财商的原理、方法和实操技巧，助力富爸爸读者的财务自由之路。

readers-club

扫码关注读书人俱乐部

开始学习

  世界上绝大多数人奋斗终身却不能致富,因为他们在学校中从未真正学习关于金钱的知识,所以他们只知道为钱而拼命工作,却从不学习如何让钱为自己工作……

——罗伯特·清崎

  清崎有两个爸爸:"穷爸爸"是他的亲生父亲,一个高学历的教育官员;"富爸爸"是他好朋友的父亲,一个高中没毕业却善于投资理财的企业家。清崎遵从"穷爸爸"为他设计的人生道路:上大学,服兵役,参加越战,走过了平凡的人生初期。直到1977年,清崎亲眼目睹一生辛劳的"穷爸爸"失了业,"富爸爸"则成了夏威夷的有钱人。清崎毅然追寻"富爸爸"的脚步,踏入商界,从此登上了致富快车。

  清崎以亲身经历的财富故事展示了"穷爸爸"和"富爸爸"截然不同的金钱观和财富观:穷人为钱工作,富人让钱为自己工作!

如果你的投资已经没有任何价值，如果你已经厌倦了那些陈词滥调的财务建议，如果你担心自己要无休止地工作下去，永远无法退休，或者，如果你只是想多花一些时间来陪陪家人，那么你可以从本书中找到答案。

——莎伦·莱希特

1999年4月，《富爸爸穷爸爸》在美国出版，仅仅半年时间就创下100万册的销量。2000年3月，韩语版面市；2000年6月，登陆澳大利亚；2000年9月，简体中文版面市，连续两年半名列畅销书排行榜前10名……一时间，全世界范围内掀起了一股"富爸爸"热潮，无数的读者因为实践"富爸爸"的建议，获得了经济上的成功！

本书是《富爸爸穷爸爸》的实践篇，书中选取了22个具有代表性的成功案例，既有初次创业者，也有失业者、退休者，甚至是事业的失败者和破产者。他们现身说法，讲述自己的创富故事，为你展示如何一步一步地走上财务自由之路！

为什么有的人可以用较少的劳动获得较多的收入？为什么有的人可以享受比别人更多的财务自由？也许是因为他们明白何时从何种象限开始工作……本书旨在帮你选择一个新项目、新目标及新的财务前景。

——罗伯特·清崎

清崎上完大学，有了一份稳定的工作，这是"穷爸爸"一直以来对他的期望；但他牢记"富爸爸"的话，"只有实现了财务自由，才能拥有真正的自由"。于是他毅然辞去工作，走上了投资和创业之路，在47岁时实现了财务自由。从此，他再也不必朝九晚五地被动工作，再也不必量入为出，他可以自由地做自己爱做的事，因为投资会为他带来源源不断的现金流。

书中归纳出了4个现金流象限：雇员、自由职业者、企业主和投资人，只有具备投资人和企业主的技能，才更容易致富；详细介绍了这些观念和技巧，把投资人细分为7个等级，帮你看清自己的财务状况；更列出了7个完整的步骤，指引你走上财务自由之路。

只有那些在财务上适应能力较强、财商较高的人才能生存下来。只有那些对这一切有所准备的人才能获得成功。

如果没有接受过财商教育,可能就需要更多的资金才能致富,也可能需要更多的资金才能保持富有。财商越高,致富需要的资金就越少;财商越低,致富需要的资金就越多。

——罗伯特·清崎

在富爸爸看来,人们应对不可知的未来主要有3种方式:穷人指望子女或者政府帮助自己度过余生;中产阶级把钱存入银行、购房保值、投资退休金计划等,甚至把未来的财务保障押在变幻莫测的股市上;富人则购买能带来现金流的资产,让钱为自己工作,持续创造财富以应对未来的变化。

本书中,清崎讲述了富爸爸对他的财商教育,向你传授掌控风险的8种理财智慧,提高你的财商;教你准确把握经济发展形势,明辨优劣资产,巧妙防范金融风险,从容应对市场变化;升级你的理财技巧,让钱为你工作,获得财务上的真正自由。不管你是想改变入不敷出的财务状况,还是想保护自己的财产,甚至是提高投资层次,都能在本书中找到发人深省的启示和高效实用的建议,一跃成为掌控未来的财务高手!

图书在版编目（CIP）数据

富爸爸女人一定要有钱/（美）金·清崎著；灵思泉，朱建英译. — 成都：四川人民出版社，2017.8（2021.1 重印）
ISBN 978-7-220-10293-6

Ⅰ.①富… Ⅱ.①金… ②灵… ③朱… Ⅲ.①女性—私人投资—通俗读物 Ⅳ.① F830.59-49

中国版本图书馆 CIP 数据核字（2017）第 193629 号

Rich Woman
Copyright © 2014 by Kim Kiyosaki
This edition published by arrangement with Rich Dad Operating Company, LLC.
版权合同登记号：图进 21-2017- 497

FUBABANǚRENYIDINGYAOYOUQIAN
富爸爸女人一定要有钱
〔美〕金·清崎 著 灵思泉 朱建英 译

责任编辑	李淑云
特约编辑	张 芹 赵 晶
封面设计	朱 红
版式设计	乐阅文化
责任印制	聂 敏

出版发行	四川人民出版社 （成都市槐树街 2 号）
网　　址	http://www.scpph.com
E-mail	scrmcbs@sina.com
新浪微博	@ 四川人民出版社
微信公众号	四川人民出版社
发行部业务电话	（028）86259624　86259453
防盗版举报电话	（028）86259624
照　　排	北京乐阅文化有限责任公司
印　　刷	三河市中晟雅豪印务有限公司
成品尺寸	152mm×215mm　1/32
印　　张	10
字　　数	205 千
版　　次	2020 年 5 月第 2 版
印　　次	2021 年 1 月第 3 次印刷
书　　号	ISBN 978-7-220-10293-6-01
定　　价	68.00 元

■版权所有·侵权必究

本书若出现印装质量问题，请与我社发行部联系调换
电话：（028）86259453